Contes

ET NOUVELLES

BRETONNES.

Prix 5 Francs.

Paris,
A. POUGIN, QUAI DES AUGUSTINS, 49.

Rennes,
BLIN, LIBRAIRE-ÉDITEUR, PLACE DU PALAIS.

1836.

CONTES
ET
Nouvelles Bretonnes.

Rennes, Typographie de A. MARTEVILLE.

CONTES
&
NOUVELLES
Bretonnes.

PRIX 5 FRANCS.

Rennes,

BLIN, ÉDITEUR-LIBRAIRE, PLACE DU PALAIS.

1836.

INTRODUCTION.

INTRODUCTION.

Le Premier Jour de l'An.

Entre l'année qui commence et l'année qui finit, il est un point, un intervalle d'un jour, qui ne ressemble à aucun des jours qui le précèdent, à aucun des jours qui le suivent. C'est un moment de trêve aux affaires, aux inimitiés; les douces paroles, les paroles de miel sont sur toutes les lèvres, comme les bonbons de toutes formes et de toutes couleurs, roses, blancs, bleus, éblouissans, sont dans toutes les bouches. On s'aborde le front riant et serein; les yeux n'ont que de doux regards, les mains que d'amicales étreintes. Tous les discours sont des louanges, tous les complimens des flatteries; la médisance semble bannie du monde. — Tant de bonheur dure un jour! le premier jour de l'an! Encore est-il des esprits qui ne savent pas jouir de cet instant de paix universelle. Cette gaîté inaccoutumée semble les assombrir, et, refoulant leurs sentimens au fond de leur âme, les porter aux méditations amères. Sur le seuil d'une nouvelle année, que la foule s'efforce d'orner de prestiges, ils rejettent leurs regards en arrière, comptent leurs illusions détruites, leurs espérances déçues, leurs chagrins, leurs tristesses. — Quelle consolation offre le présent? Tout y est incertitude, découragement, institutions vieillies, liens domestiques brisés. Combien de dégoûts! combien de tristes réalités!

Esprits moroses, ne venez point jeter de soucis· sur notre fraîche corbeille de fleurs ; n'attristez point tant de fronts jeunes et rians; ne fanez point par votre souffle tant d'émotions neuves. Nous ne connaissons pas encore les regrets; le passé n'a pour nous rien d'amer. Le premier jour de l'an nous trouve pleins d'affection et d'amour. Pour nous, la nature simple et grandiose n'a rien perdu de sa magnificence ; pour nous, il reste des croyances : Dieu, l'amitié, la famille, le monde avec sa parure, ses bals, ses plaisirs. Notre cœur n'est point une solitude ; tout n'y est point tristesse et désenchantement. L'art aussi nous procure d'agréables distractions, de doux triomphes : la musique, la poésie, la peinture. N'est-ce donc que gloriole et vanité que les suffrages du monde; que les applaudissemens de ces cercles d'hommes instruits et de fraîches jeunes femmes? N'est-ce pas un spectacle charmant que ces réunions où brillent, à l'éclat des bougies, des cristaux, des gerbes de lumière et des saillies de l'esprit, la beauté des femmes, les perles, les diamans, les écharpes, les rubans de mille couleurs?

— Le cœur est éteint, dites-vous ; les nobles sentimens sont perdus. Oh ! calomniateurs du siècle en faveur des siècles passés ! nos passions, pour être plus réservées, ne sont pas moins vives. Que d'affection dans ces cœurs d'enfans pour leurs mères ! dans ces cœurs d'épouses pour leurs maris ! Dans quels temps les sentimens bienveillans de famille furent-ils mieux cultivés ! A quelle époque les devoirs furent-ils mieux compris !

Oui, je le sais, la discussion a parfois troublé nos douces réunions ; la politique a souvent jeté au milieu de nous ses brandons de discorde ; la littérature n'a pas toujours été décente, spirituelle, élégante ; nos drames ont inspiré le dégoût, et nos salles de spectacle ont été livrées à l'abandon. Je connais tout ce passé. Mais ne voyez-vous pas que nos dissentimens sont moins envenimés? Fatiguée de sophismes et de paradoxes, la passion s'épure, on se rapproche, on apprend à s'estimer. Où sont-ils les débris de la guerre civile? Où sont-elles les haines invincibles? La fièvre elle-même a ses intermittences, et l'art la dompte à la longue.

Le mal n'est jamais éternel. Sans doute, la littérature fut long-temps sombre, triste, cadavéreuse; long-temps elle blessa la raison, la langue et le bon goût. Mais voyez comme on revient aux vieilles traditions : un engouement de mode nous en écarta, une prompte réaction nous y ramène. Les belles et bonnes lettres, comme les cultivaient Racine et Régnard, Molière et Corneille, les Encyclopédistes et Port-Royal, reviennent en faveur. — Partout reparaissent les œuvres des maîtres, brillantes du luxe typographique.

Et ne croyez pas que nous ayons entièrement perdu notre temps et notre bon sens, en passant par cette phase de déraison : rien ne se perd entièrement des efforts des hommes. Des forces consumées dans de vaines entreprises, il reste les enseignemens de l'expérience. — Mais nous avons recueilli quelque chose de plus : c'est, à défaut de chefs-d'œuvre, une allure plus libre de la langue, une plus grande vivacité de tours, plus de nerf dans l'expression, plus de coloris dans le style.

Nous ne dirons point que ce volume soit un témoignage du progrès; la nature de ces légères compositions ne permettait pas de déployer toute cette série de nuances brillantes et diverses; du moins espérons-nous que la peinture des passions n'y blessera jamais la délicatesse la plus susceptible. — Les plaisirs de l'esprit sont les plus doux, les plus nobles; mais, pour être dignes des personnes à qui ils s'adressent, il faut que le bon goût et le bon ton y président. Fronder quelques travers, proclamer quelques vérités morales, présenter une lecture amusante aux gens de loisir, et particulièrement aux jeunes femmes, telle fut notre ambition, et cette tâche nous l'accomplissons en n'oubliant rien des sévères convenances.

Il existe certains préjugés, certaines prétentions provinciales que le niveau de la capitale n'a pu encore abaisser. Nous les attaquons, nous les combattons; car ce défaut d'harmonie entre quelques fractions du territoire et la métropole est un malheur public. Il faut que chaque partie du même empire se laisse imprégner des rayons qui divergent du centre. Le progrès, sans doute, a été immense depuis un quart de siècle, et c'est une des belles conquêtes de la civilisation; mais il n'est pas complet, et c'est un devoir pour les écrivains de travailler à son avancement.

Le premier jour de l'an, Dieu terme entre le passé et l'avenir, image du Janus à deux faces auquel il était consacré, bal annuel, où la plupart des acteurs se couvrent d'un masque, le premier jour de l'an se sépare des temps écoulés pour courir, plein d'espérances, vers l'avenir. Voyez-le, enfant joyeux, né d'hier, le sourire sur les lèvres, interroger vos caprices, venir au-devant de vous les mains pleines, le front couronné de fleurs, escorté de toutes les frivolités de la mode. Formez un vœu, et il promettra de l'accomplir; ayez au fond du cœur une douleur secrète, et il aura pour votre mal une distraction, sinon un remède. Est-il un amour qu'il ne ravive, une passion qu'il ne transporte, un dévouement qu'il n'exalte! Le temps, ce vieillard chauve et chagrin, s'offre ce jour-là sous les traits gracieux de l'enfance, pleine de douceur, de soumission et de tendresse : c'est la fête des familles; sous les traits d'élégans jeunes hommes escortés de cadeaux, de flatteries, de sermens : c'est la fête des jeunes femmes; sous les dehors austères de l'âge mur, au pas lent et calculé, en habit noir ou de garde national, décoré du ruban rouge ou aspirant à l'être : c'est la fête des ambi-

tieux. Le premier jour de l'an, ce sont des vœux au hasard, du bonheur à profusion, des souhaits à tout le monde :
— Aux jeunes gens, des amours fidèles ; — aux vieillards, de longues années ; — aux spéculateurs, l'Eldorado de la Bourse ; — aux poètes, d'heureuses inspirations ; — aux philosophes, des doctrines sociales ; — aux croyans, de la tolérance ; — à notre ville, qui réédifie son théâtre, des compositions dramatiques au lieu de drames à machines ; — à notre éditeur, des souscriptions ; — à notre volume, des lecteurs.

Le sire de Tizé.

Les croisades étaient prêchées au peuple de toutes les conditions, sur la place publique, nouveau Forum, en présence des barons, des nobles dames, des bourgeois en chaperons, des hommes d'armes, et des pauvres serfs couverts de bure.

(CAPEFIGUE.)

LE SIRE De Tizé.

AOUT 1248.

A quelque distance de Rennes et du chemin inégal qui conduit à la baronnie de Vitré, au bord de la rivière de Vilaine, — caché sous un vieux chêne, à l'approche de la nuit, un jeune homme d'une taille élevée, et en simple pourpoint gris, renouvelle de temps en temps, avec précaution, un signal qui reste sans réponse. De l'autre côté de l'eau s'élève un castel dont une des fenêtres fixe son attention; ses yeux ne la quittent que pour se diriger vers une petite porte située immédiatement au-dessous. Aucun mouvement ne se fait sentir, ni à l'une, ni à l'autre; le claquet du moulin seigneurial trouble seul au loin, de son bruit monotone, le calme d'une belle nuit du mois d'août; l'eau coule avec un léger bruissement; la lune argente les bords de quelques nuages errans, et les chênes projettent leur ombre immense le long des grandes prairies. L'impatience du jeune homme s'accroît à chaque instant. Son cœur ne devine guère ce qui se passe derrière ces vieux murs que son œil voudrait percer.

Dans une vaste salle, au premier étage du noble castel, devant une table sculptée, sur laquelle sont placés un large vase d'étain et trois *hanqps*, ou coupes de corne, trois hommes assis dans de grands fauteuils de tapisserie à dossier élevé terminé en ogive, conversent entre eux d'un ton animé. Le premier est le fameux Raoul de Cesson, châtelain de Tizé, aux formes puissantes, si utiles et si respectées à cette époque; l'une de ses mains est étendue sur la table, près d'un hanap orné d'un cercle d'argent, et l'autre tient l'oreille d'un beau chien de chasse, dont la tête repose complaisamment sur son large genou. — Le second personnage est messire Alain, seigneur de Brais, surnommé le Jambu, qui est venu ce soir-là pour affaire importante visiter, après la chasse, son voisin, le sire de Tizé. — Enfin, le troisième, d'une stature moins élevée, mais d'un embonpoint non moins respectable, est revêtu de l'humble bure des monastères, et assis entre les deux redoutables sires.

— Mes nobles Seigneurs, disait-il, se tournant tantôt vers l'un, tantôt vers l'autre, Dieu appelle encore ses enfans en Palestine, à la délivrance des saints lieux. Nos frères d'Orient nous tendent des mains suppliantes. Jérusalem va périr sous le fer des infidèles. Hâtez-vous, mes vaillans Sires, d'y porter vos redoutables épées. Votre ancien suzerain (1), Pierre de Dreux, expiant enfin ses torts envers les ministres de l'Église, et les erreurs pour lesquelles son peuple lui infligea le nom de *Mauclerc*, va joindre ses pennons de simple sire à l'oriflamme du bon roi de France, Louis IX,

---

(1) Pierre II, dit Mauclerc, duc de Bretagne, abdiqua en faveur de son fils, Jean I*er*, dit le Roux, au mois de novembre 1237, après avoir été vaincu par Saint-Louis, et prit le titre de chevalier de Braine (près Soissons), où il alla rejoindre ses ancêtres dans leurs tombeaux, après la bataille de la Massoure, à laquelle il n'échappa que pour mourir en mer dans la traversée, en 1250.

qui brûle du pieux désir d'acquitter enfin son vœu. Le père des chrétiens, l'évêque de Rome et du monde, Innocent IV, réfugié à Lyon, à l'abri des persécutions de l'impie Frédéric II, empereur d'Allemagne, a entendu, dans un concile, le récit des maux qui désolent la chrétienté en Orient. L'évêque de Béryte, député par ses frères pour implorer nos secours, et l'empereur latin, Beaudouin II, qui règne à Constantinople, ont ému jusqu'aux larmes les évêques et les cardinaux : ces derniers y ont revêtu, par ordre du pape, la robe et le chapeau rouge, qu'ils porteront toujours désormais, comme un symbole de la persécution et du sang. Le pieux cardinal Eudes de Châteauroux est venu en France publier et faire exécuter les décrets du concile. Le duc de Bretagne, écoutant enfin les conseils de son clergé, a permis qu'on prêchât la croisade dans ses états — Dieu le veut ! — Dieu le veut ! — mes nobles Seigneurs. Que ce soit là votre cri de guerre ! qu'il réunisse au plus tôt vos hommes d'armés ! Marchez, marchez à la guerre de Dieu ! Recevez de ma main cette croix de soie rouge : que, cousue sur l'épaule droite de vos manteaux, ou sur le front de vos casques, elle atteste à tous vos vassaux le vœu sacré que vous aurez formé ! Quel sera celui qui refusera de suivre votre exemple ? Demain matin, après le saint office, je distribuerai, dans l'église de Cesson, des croix que l'on s'empressera de venir chercher, en voyant les vôtres. Louis IX a donné lui-même à ses courtisans, la veille de Noël, des capes fourrées, ornées de croix et de broderies de soie et d'or : c'est par cette sainte ruse qu'il a mérité le surnom glorieux d'*adroit pé-*

cheur *d'hommes.* Que, dans vos domaines, tout ce qui est en âge de revêtir la cotte de mailles ou de soulever la hache d'armes reçoive de vous le signe des croisés, et vienne demain prêter son vœu au pied de l'autel. Vous y serez, oui, vous y serez les premiers, je le lis dans vos yeux, mes nobles Sires. Dieu le veut! — Dieu le veut! —

— Dieu le veut! s'écria le sire de Tizé d'une voix tonnante qui fit résonner la salle et tressaillir son chien favori; Dieu le veut! oui, mon père; et maudit soit celui dont l'oreille se fermera à sa voix puissante! Mon sang bouillonne à l'idée de trancher par milliers, de ma bonne épée à deux mains, les têtes de ces chiens d'infidèles. Donnez, donnez, mon père, que j'attache à l'instant même cette croix sur mon pourpoint! C'est un signal de mort pour le ennemis du Christ et les lâches qui hésiteront à marcher à la délivrance des saints lieux.

Ces dernières paroles, proférées avec colère, et peut-être avec intention, par le sire de Tizé, en regardant sire Alain le Jambu, qui gardait le silence, les yeux fixés sur la table, réveillèrent celui-ci de son apparente léthargie.

— Sire Raoul, dit-il sans lever ses regards, feu sans flamme n'en est pas moins brûlant. J'ai un fils, il partira à la tête de mes vassaux. Mais combien j'envie aujourd'hui votre sort, sire Raoul! Vos riches domaines, libres de toute dette, vont vous procurer en abondance de beaux et bons écus d'or à la couronne, pour subvenir aux frais du voyage. Par saint Gréal! mes pauvres fiefs, déjà obérés par mon aïeul, au temps de la première croisade, trouveront-ils un Juif qui consente à me prêter un seul florin sur leur gage?

— Dieu vous garde, noble Seigneur, de traiter jamais avec un Juif! dit le révérend en se signant. *Jesus, Maria!* un Juif dans une si sainte cause! Ne vous inquiétez pas, sire Alain; mon couvent se chargera de vous procurer de l'argent, et de payer les dettes qui pèsent sur vos domaines, pourvu qu'une donation, revêtue de votre croix et du sceau de vos armes, remplace, dans les mains de mes pieux frères, l'or dont ils se priveront pour vous. A votre retour de la Terre-Sainte, les riches dépouilles des infidèles, ou quelque bonne sainte relique sauvée de leurs mains impies, vous permettront de racheter vos biens.

Sire Alain garda le silence.

— Malédiction sur moi, s'écria Raoul

de Cesson, si j'osais engager une seule tourelle du manoir de mes pères! Malheur à celui qui songerait à s'en emparer en mon absence! Je reviendrais du tombeau pour lui ravir sa proie. Le château de mes nobles ancêtres, le berceau de ma famille, avec ses prairies, ses moulins et ses péages, est un joyau qui ne me quittera point, que je veux conserver intact pour le noble époux de ma fille unique, la gente damoiselle Ludovie.

— Ces nobles sentimens vous honorent, redoutable Seigneur, dit le révérend d'un son de voix affectueux. Vous ne serez point forcé d'engager votre manoir : un seul de vos vastes et nombreux domaines suffira. Cependant, si Dieu voulait!....

— J'irais puiser dans vos coffres, mon père, au nom du Seigneur! et je viendrais y verser, à mon retour, le riche butin que j'aurais fait sur les infidèles. Mon bras et mon épée ne sont-ils pas des gages assez sûrs?

A ces mots, sire Alain le Jambu fit un bond sur son siége, qui craqua de toutes parts :

— Par mon saint patron! s'écria-t-il, mon épée vaut la vôtre, sire Raoul, et le révérend ne refusera pas d'accepter pour gage le butin qu'elle fera sur les infidèles. Un Juif maudit aurait de la peine à prêter sur un pareil nantissement; mais votre couvent, mon père, pour la cause de Dieu!....

— Les Juifs! avez-vous dit, sire Alain, interrompit le frère, il leur faudra bien rendre gorge; et si vous en avez pour créanciers, Messires, voilà une belle occasion d'obtenir quittance. J'espère que le duc Jean leur fera, bon gré mal gré, prêter aux chrétiens l'or qu'ils leur volent chaque jour par l'usure.

— Par saint Marc! qu'il m'en tombe un sous la main! dit le sire de Cesson, en comprimant avec vigueur l'oreille de son chien. Le pauvre animal poussa un cri aigu, et jeta à son maître un regard suppliant qui lui valut quelques caresses.

Pendant cette conversation, une petite porte entr'ouverte dans un des angles de la vaste salle, laisse apercevoir la tête d'une jeune fille qui semble les écouter avec un intérêt inquiet.

L'entretien des nobles seigneurs et du frère fut long. Ils se séparèrent enfin, en promettant de se retrouver le lendemain matin à la cérémonie qui devait avoir lieu en l'église de Cesson.

La jeune fille disparaît aussitôt, et descend à pas rapides le vaste escalier tournant, dont les larges marches de granit pivotent sur une colonne de tuf, autour de laquelle serpente une guirlande de fleurs sculptées avec art. Un jour faible y pénètre encore par les trois rangs de petites ouvertures cintrées et en colonnades qui s'ouvrent, l'une oblique au sol, les deux autres horizontales et parallèles, dans le mur épais où les marches viennent, en circuitant, chercher un appui. Au bas de cet escalier, la jeune fille s'échappe par une porte étroite, et parvient, à travers de sombres corridors, dans un petit parterre qu'elle cultive elle-même, à l'angle formé par divers corps-de-logis, sur le bord de la rivière. Elle s'approche de l'eau jusqu'à mouiller ses pieds; ses yeux sont fixés sur l'autre rive ; elle prête l'oreille, regarde autour d'elle, et n'ose proférer aucun son. Bientôt le chant d'une rouge-gorge se fait entendre; elle répond par un son pareil.

Sa main lance sur l'onde une ardoise légère qui court en ricochant à l'autre bord (1). Puis, d'un mouvement rapide et silencieux, elle regagne l'étroite porte et les longs corridors; mais en fuyant, elle sent un léger bruit derrière elle, et croit voir une ombre se glisser le long des murs. Palpitante, elle monte dans une petite chambre ayant vue sur la rivière, et là, près d'une fenêtre entr'ouverte, elle écoute et regarde, osant à peine respirer.

Bientôt elle est rappelée à elle-même par la voix de son redoutable père, qui disait en sortant de l'appartement voisin :

— Oui, prudente et noble dame de Tizé,

---

(1) Écrire était alors science exclusive de *clergie*. Nos jeunes gens suppléaient à leur ignorance forcée, par quelques signes simples, tracés avec un stylet de bois ou de pierre, sur la surface polie du schiste qu'on nomme ardoise, assez commun dans cette contrée. Une croix voulait dire : Espoir ! Une épée, malheur ! Ce soir là c'était une croix.

vous n'avez pas voulu m'en croire, ces enfans s'aiment malgré ma défense; mais patience ! j'y mettrai bon ordre. Sire Arthur, le beau damoisel, sera le premier à prendre la croix : je me charge de la coudre sur son mantel.

A peine est-il retiré, Ludovie, les yeux humides, court se jeter dans les bras de sa mère, qui la plaint, la blâme et la console. Elle lui apprend qu'un Juif étant venu ce soir-là demander l'hospitalité dans les cours du château, elle l'a fait mander pour s'informer de lui, en secret, s'il pourra leur procurer l'argent nécessaire à l'accomplissement de leur projet.

— Ma mère, dit Ludovie, Arthur consentira-t-il?

— Ma fille, répondit la dame, pourquoi

l'honneur d'Arthur serait-il plus scrupuleux que celui de tant d'autres seigneurs qui ne sont pas d'un moindre lignage?

— Vous le supplierez, ma bonne mère, par tout ce qu'il a de plus cher au monde, n'est-il pas vrai? Oh! oui, j'en ai l'espérance, vous le persuaderez.....

A ces mots, des cris confus se firent entendre dans la première cour du château. Les deux femmes, inquiètes, se dirigent, d'un même mouvement, vers la fenêtre. Elles aperçoivent le malheureux Juif se débattant entre les mains de deux hommes d'armes suivis du sire de Tizé et de tous les domestiques du château, qui l'accablent d'injures. Il est bientôt enfermé dans la grosse tour, où se trouve, non loin de la chapelle, la prison seigneuriale, et où se rendent, au milieu des instrumens de torture, les jugemens de la haute et moyenne justice des seigneurs de Tizé. Les regards de la noble châtelaine et de sa fille se rencontrent pleins de larmes, et semblent se dire : Plus d'espoir !

Elles étaient plongées dans un profond abattement, et debout, immobiles à la même place, lorsque le révérend entra, sans être annoncé, et s'inclinant respectueusement :

— Très-haute et très-pieuse dame, dit-il en s'adressant à la mère de Ludovie, dont les regards, à son aspect, s'animèrent d'un rayon d'espérance, vous m'avez fait mander : j'accours à vos ordres. S'agit-il de porter des consolations et des secours dans quelque chaumière ?

— Hélas ! répondit la châtelaine, j'avais, il est vrai, l'intention d'employer encore aujourd'hui vos généreux soins près d'autres affligés.

— Quel chagrin, ma noble dame, le ciel vous a-t-il donc envoyé, à vous si bonne, pour vous éprouver? Auriez-vous perdu tout espoir de fléchir votre époux et redouté maître, en faveur de l'union de votre jeune et grâcieuse damoiselle avec le fils du sire de Brais, le noble mais pauvre jouvencel Arthur?

— Mon père, dit Ludovie à demi-voix en tremblant, Arthur va partir pour la croisade.

— Mais il peut racheter son vœu, ma gente damoiselle.

— Je possède quelques bijoux, reprit la châtelaine; j'espérais, dans l'intention d'être utile à Arthur, les échanger contre de l'or avec un Juif venu ce soir, pour son malheur, nous demander l'hospitalité.....

— Un Juif! interrompit le moine : toujours des Juifs! Ces mécréans vont s'épandre comme une nuée d'oiseaux de proie sur le pays. Ils savent qu'on prêche la croisade; ils viennent faire leur curée et ruiner nos nobles seigneurs.

— Le sire de Tizé l'a enfermé dans sa tour de justice, continua la dame.

— C'est une action agréable à Dieu! reprit le frère; torturer un Juif, c'est gagner le ciel....

— Et son argent! ajouta la dame avec une amère ironie.

— Saint Benoît! s'écria le moine, qui pensa que si le châtelain se procurait de l'or par ce moyen, il oublierait la donation, l'argent d'un Juif doit être purifié en passant par nos mains, avant d'être consacré à un usage aussi saint que la croisade. Je vais détourner le sire de Tizé d'un projet si odieux au ciel.

— Allez, mon père, disent à la fois les deux femmes, et faites qu'on épargne ce pauvre Juif.

Le moine allait franchir le seuil. La châtelaine l'arrêta, et le tirant à part :

— Mon père, dit-elle à voix basse, si vous vouliez recevoir ces bijoux, que je destinais au Juif pour la liberté d'Arthur?

— Ces bijoux! répondit le moine en hésitant, impossible! vous ne pouvez en disposer sans l'aveu de votre noble maître. Combien valent-ils?.... Mais non, c'est inutile.... Envoyez-les moi demain à l'église dans un petit coffret, avant le ser-

mon, nous verrons..... J'ai une idée....
Cependant, noble dame, je ne vous engage à rien.

En achevant ces mots, entrecoupés de réticences et d'hésitations, le religieux sortit. Toute la nuit, on vit une lumière rougeâtre éclairer l'une des fenêtres de la tour où se rendait la justice féodale; des cris étouffés s'en échappaient par instans comme le dernier râle d'un mourant; un bruit d'instrumens de fer, qui grinçaient sous les efforts qu'on leur faisait faire, mêlaient leurs sons lugubres à cette voix expirante, qui semblait demander grâce à ses bourreaux.

Si tous ne dormaient pas au manoir de Tizé, on n'était guère plus tranquille dans les chaumières des environs et au bourg seigneurial de Cesson. La nouvelle de la croisade qu'on allait prêcher, s'était partout répandue. Toute la population était en émoi, depuis les femmes jusqu'aux enfans, qui, se groupant sous la conduite du plus entreprenant de leurs compagnons, marchaient par bandes, au milieu des champs, à la découverte des infidèles. A une autre époque, des milliers de ces jeunes fanatiques quittèrent leurs villages, et allèrent périr de misère sur divers points de la France, avant d'avoir pu atteindre le port où ils avaient formé le projet de s'embarquer pour la Palestine. Nous dirons plus tard l'histoire d'une de ces bandes, sortie de Bretagne en 1213, et à la destruction de laquelle il n'échappa que deux petits malheureux, modèles d'amitié dans leur désastre. Quant à ceux de l'époque dont nous parlons, leur zèle était loin d'être aussi brûlant. Quelques fossés, quelques clôtures, quelques oiseaux furent les seules victimes de leur humeur dévote et belliqueuse. L'ardeur pieuse de leurs parens était aussi bien loin d'égaler l'enthousiasme allumé dans les âmes de leurs contemporains, Pierre L'Ermite et saint Bernard, au temps des premières croisades. Quelques-uns, il est vrai, préparèrent avec une joie fanatique leurs armes, qui depuis long-temps n'avaient quitté le mur, où elles étaient suspendues, que pour guerroyer de castel à castel; mais le plus grand nombre, enlacé par des affections de famille, ou cédant à des terreurs fondées sur l'expérience de leurs aïeux, maudirent la triste nécessité où ils allaient se trouver de suivre leur seigneur suzerain, ou de se ruiner pour racheter leur vœu de pélerinage. Le lendemain, dès que l'aube commença à paraître, les chemins des environs se couvrirent d'une foule empressée qui inonda le bourg du sire de Cesson. L'église ne pouvant contenir une pareille affluence, une vaste prairie servit de théâtre à la solennité. Le moine, que nous avons vu au manoir de Tizé, fit un discours où, après un long exorde dans lequel les citations se serraient comme des combattans, il parla de la pieuse obligation de prendre la croix, et de ne pas imiter ces lâches chrétiens qui ne pouvaient faire le sacrifice de leur or et de leurs bijoux pour venir au secours des croisés. Il répéta souvent que le tronc des pélerins attendait les offrandes de ceux qui ne pourraient partir.

En disant ces mots, qui revenaient sans cesse et sous diverses formes, comme l'idée principale du sermon, frapper les oreilles paresseuses des auditeurs, avec l'impitoyable tenacité d'une cloche, le moine dirigeait ses regards vers la châtelaine, conseil muet que celle-ci comprenait bien, mais qu'elle n'osait suivre. L'œil de son terrible époux était fixé sur elle, et semblait s'inquiéter de ce que pouvait contenir un petit coffret de bois de noyer qu'elle cachait sous sa mante d'hermine. Le mouvement qu'elle avait commencé pour aller déposer son offrande sur l'autel, s'arrêta sous le regard de son redouté sire et maître.

Le prédicateur, déconcerté de voir échouer son plan, passa à sa péroraison, où il s'efforça de peindre, sous les couleurs les plus pathétiques, les souffrances de la chrétienté en Orient. Tout le monde versa des larmes et jura de venger le saint nom du Christ. Profitant de l'émotion générale, l'adroit prédicateur, qu'on aurait pu nommer aussi à bon droit *l'habile pêcheur* d'hommes, jeta au milieu de l'assemblée une pluie de croix de drap rouge qu'on se disputa de tous côtés, et qu'on s'empressa d'attacher sur l'épaule droite, les uns par véritable enthousiasme, les autres par fausse honte ou par crainte. Le sire de Tizé, qui se trouvait là aux premiers rangs avec sa famille, montrait avec orgueil la croix qu'il avait attachée la veille sur son manteau. Il en plaça une nouvelle au front de son casque, et se hâta d'aller en présenter à son voisin, le sire de Brais, Alain le Jambu, et à son fils, le jouvencel Arthur, qui sentit sa main trembler en surprenant un regard mélancolique de Ludovie.

— Allons! beau damoisel, lui dit-il, prenez; nous verrons si vous ne savez causer avec les ennemis de la croix qu'à travers les fleuves de la Judée.

— Arthur silencieux serra avec fureur la poignée de son épée à deux mains.

— Par la coîfe dieu! continua le sire de Tizé, j'aime cette noble indignation; elle nous promet un vainqueur de plus. Sire de Braïs, vous pouvez remettre le commandement de vos vassaux à ce jouvencel. Voyez comme il rougit au seul nom des infidèles.

Le pauvre Arthur rougissait, mais de colère. Pourtant il fallut se contenir. Il trouva la récompense de ses efforts dans les yeux de Ludovie.

Enfin l'assemblée se sépara en entonnant de pieux cantiques, qui retentirent dans les campagnes toute la journée, jusqu'à ce que chaque pélerin fût rentré dans sa demeure. Le zèle d'un grand nombre n'alla pas plus loin. A peine de retour au château, Ludovie et sa mère s'enfermèrent tristes dans leur appartement. Le sire de Tizé ne les avait quittées qu'à ce moment; sa vue jalouse les surveillait comme s'il eût connu et voulu déconcerter leurs projets. Elles se regardaient d'un air mélancolique, lorsqu'un bruit de voix confuses, qui se fit entendre dans la cour, attira leur attention, et elles s'approchèrent de la grande fenêtre à croix de pierre; elles virent le Juif à demi-mort sortir de la tour, ballotté, injurié par les domestiques du sire de Tizé. La noble châtelaine allait donner des ordres pour qu'on cessât de tourmenter, et qu'on amenât près d'elle le pauvre Samuel, quand elle aperçut Arthur écartant, repoussant, culbutant les domestiques et délivrant le Juif, qui le remercia, les mains jointes, d'un air reconnaissant; — puis parut écouter avec une visible répugnance quelques mots qu'Arthur lui dit tout bas.

— De l'argent! de l'argent! murmura le Juif quand Arthur l'eut quitté; ils n'ont que cela à me dire. Je n'ai pas les coffres du roi de France dans mes poches, mon pauvre jouvencel, et votre jeune épée serait trop maigre nantissement pour pareil trésor. Un pélerin vit de peu. Allez, vous en aurez plus de mérite.

Samuel, précédé d'un domestique qui paraissait plutôt fuir devant lui que le guider, entra bientôt dans la chambre où l'attendaient la dame de Tizé et sa fille.

— Malheureux! dit la mère de Ludovie, tu as bien souffert; repose-toi sur ce siége. Faites apporter quelque nourriture, ma fille. Voyez comme il est faible!

— La bénédiction du ciel soit sur vous et votre gracieuse enfant. Samuel est bien pauvre; mais ses jours sont à vous.

— Et c'est moi, reprit la châtelaine, qui ai attiré ces tortures sur vous!

— Ne vous accusez point, généreuse dame; c'est moi qui suis venu imprudemment chercher ici l'hospitalité, qu'on m'y avait, il est vrai, accordée plus d'une fois dans vos étables. Je ne m'attendais pas à y trouver cette fois des tourmens aussi cruels. Dieu d'Abraham! votre noble époux croit-il que j'ai de l'or dans les os pour me les briser ainsi? Maltraiter Samuel! pour lui arracher des trésors! lui qui n'a pas un *Johan*, une *maille!* Samuel le plus pauvre des enfans de sa tribu persécutée! Toute la nuit on m'a brûlé les pieds, arraché des dents, serré les pouces, étouffé à demi, et l'on n'a pu me trouver un agnel. Las de me tourmenter envain, les bourreaux m'ont enfin relâché, et je serais peut-être mort sous les coups de vos varlets sans la généreuse pitié de ce noble sire Arthur et la vôtre, nobles dames. Je rends grâce au ciel des consolations qu'il m'envoie en ce moment. Que ne m'accorde-t-il les moyens de reconnaître vos bienfaits?

— Mangez, reprenez des forces, bon Israélite, lui dit la dame de Tizé.

Ludovic venait de rentrer, suivie d'un domestique chargé de quelques mets, qui pensa reculer d'effroi en voyant pour qui on l'avait fait venir, et ne s'approcha que le moins possible de la bête immonde.

— Hélas! dit le Juif avec une plainte

arrachée par la douleur, mes pieds me font souffrir horriblement. De grâce, bonne et noble dame, un peu de linge et d'eau fraîche.

La châtelaine ordonna au domestique d'apporter de l'eau. Elle chercha dans un grand coffre, et en tira un morceau de tissu de coton, moins rare alors que ceux de chanvre et de lin, par suite des fréquentes relations que les croisades avaient établies avec l'Orient. Elle remit ce tissu au domestique, et lui ordonna de laver et d'envelopper les pieds endoloris du pauvre Juif. Le domestique détourna la tête avec horreur, et pâle comme si on lui eût commandé un crime, il se prosterna aux pieds de sa maîtresse, en la conjurant de lui épargner une telle humiliation. La dame, pour toute réponse, se saisit du tissu, et elle allait s'acquitter, non sans une secrète répugnance, du devoir prescrit par l'humanité. Le Juif ne permit pas à la noble dame de faire ainsi violence à ses habitudes ; il s'empara à son tour du tissu, et se pansa lui-même, en comblant de remerciemens sa noble bienfaitrice.

— Demandez, lui disait-il, la vie de Samuel ; elle est à vous, généreuse et noble dame !

— J'exige, répondit-elle, un prix moins élevé des faibles soins que je vous ai donnés, bon Samuel. Quelques écus d'or, dont j'ai le plus pressant besoin en ce moment, échangés contre quelques bijoux que je possède, paieraient amplement tout ce que j'ai fait pour vous.

— Par le chef de Moïse ! répondit le Juif en se courbant par habitude, demandez à

Samuel sa vie, et non de l'or. Peut-il vous donner ce qu'il n'a pas?

— Mais au moins, reprit la dame en parlant bas, vous pourriez peut-être par vos amis, vos compatriotes?...

L'Israélite releva lentement la tête, promena des regards inquiets autour de lui, et dit à voix basse :

— Si nous étions seuls!...

Le domestique avait fui en voyant les yeux de Samuel se porter sur lui. — Un signe de la dame de Tizé à Ludovie suffit pour qu'elle s'éloignât dans l'embrâsure d'une fenêtre.de la vaste salle. Samuel alors entraîna la dame à l'autre bout de l'appartement, et lui parla si bas, si bas, qu'elle fut obligée de lui faire répéter ses premières paroles.

—Parlez sans crainte, lui dit-elle, bno

Samuel. Pourrez-vous me rendre le service que je vous demande?

— Oui, noble dame, reprit-il un peu plus haut, par un de mes compatriotes, comme vous l'avez dit. Samuel est pauvre, mais il a des amis. Cependant, pour que je puisse faire ce que vous désirez, noble dame, il faut que les portes du château...

— Elles seront ouvertes pour vous.

— Avec hospitalité?

— Avec hospitalité.

— Et le redoutable sire votre époux?...

— Il est occupé, au dehors, de l'armement de ses vassaux, et ne rentrera que le soir. Combien vous faut-il de temps?

— Deux,... oui, deux heures ou trois, ma noble dame.

— Allez, bon Samuel; hâtez vos pas, et comptez sur ma reconnaissance.

— N'avez-vous pas déjà trop fait pour le pauvre Samuel, ma noble dame, dit le vieillard en reprenant sa toque jaune et son long bâton? J'irai aussi vite que me le permettront mes pieds souffrans.

Il sortit et traversa les cours, sans être insulté cette fois : on respecta celui que la maîtresse avait si bien accueilli. Hors de la porte extérieure, il prit le chemin du moulin seigneurial ; puis il suivit un sentier détourné qui s'élève sur un coteau escarpé, et, après avoir fait une centaine de pas, jetant un regard rapide autour de lui, il s'élança dans une espèce de ravin couvert d'arbres et d'épines, où il disparut. Au bout de quelques instans, pendant lesquels aucun mouvement ne se fit sentir dans les buissons, cette physionomie maigre et jaune surgit lentement, et par degrés, du milieu des broussailles. Ses yeux se dirigèrent long-temps, et avec précaution, de tous les côtés. Enfin, le prudent Samuel se hasarde à faire un pas, et s'achemine vers le noble manoir. Un groupe de vassaux armés était déjà dans la cour intérieure, lorsque Samuel, le dos voûté, la tête basse, s'avança, presque rampant, le long des étables et des écuries, cherchant à passer inaperçu; mais le pauvre Samuel eut beau s'amoindrir, il fut bientôt reconnu et arrêté.

— Halte-là! chien de mécréant : où vas-tu exercer ton damnable négoce?

— Mes bons Seigneurs, dit le Juif en se courbant encore davantage.....

— Ne te raille pas de nous, maudit infidèle : nous ne sommes sires ni seigneurs; mais tu n'en paieras pas moins tes dents au poids de l'or, si tu veux conserver ce qui t'en reste.

A ces mots, Samuel se redresse, et fixant sur ses interlocuteurs ses yeux gris et perçans :

— Quoi ! leur dit-il, les vassaux du noble et puissant seigneur de Tizé oseraient maltraiter un homme qu'il a pris sous sa protection !

—Ah! ah! répliquèrent les hommes d'armes avec de bruyans éclats de rire, com-combien de florins à l'*escu d'or* t'a coûté cette protection ? Est-ce à la dixième dent que tu as consenti à ouvrir ta ceinture ? Voyons, comptons ce que tu l'as payée.

— Mes amis, se hâta de répondre le Juif en mettant entre eux et lui une certaine distance, craignez la colère de votre noble maître, s'il apprenait qu'on eût dérobé un seul denier parmi ceux que je lui apporte. Hélas! Samuel est bien pauvre ; mais ce qu'il possède est à votre seigneur.

— Bien parlé! répondirent les hommes d'armes. A cette condition, nous te laissons aller sans droit de péage. Tu paieras double à la première rencontre.

Samuel profita de l'instant favorable, et monta assez lestement dans la salle où l'attendait la dame de Tizé.

— Eh bien! lui dit-elle, bon Samuel, avez-vous trouvé quelqu'un de vos compatriotes?

— Oui, ma noble dame, pas bien loin d'ici; ce qui fait que je n'ai pas été aussi long-temps que je l'avais pensé d'abord.

Et, tout en disant ces mots, il pousse le verrou qui servait de serrure à la porte, fait sa ronde dans chaque coin, puis, revenant près de la dame, tire de dessous un triple pourpoint une ceinture qu'il ouvre avec précaution; puis, il en ôte, un à un, et étale sur une petite table, les écus d'or, les agnels, les nobles, les gros-tournois, les florins, les johans, et presque toutes les monnaies alors en usage dans l'Occident. Pendant ce temps, la dame tire d'un petit coffre de bois de chêne ciselé quelques bijoux en or et en pierres précieuses, qu'elle dépose sur la table. Samuel promène alternativement ses regards de ses pièces aux bijoux; il soupèse ceux-ci, en examine le travail, puis compte un certain nombre de pièces d'or qu'il place auprès, en disant :

— Ma noble dame, voilà, en conscience, tout ce que je puis donner en échange de ces bijoux. Si le pauvre Samuel avait quelque chose à lui, il ne vous demanderait rien qu'un petit billet avec une croix de votre main. Il vous promet du moins que vous rentrerez dans la possession de vos bijoux, à votre bon plaisir, en restituant cette faible somme, sans intérêts,.... oh ! sans intérêts !...

Un soupir involontaire échappa au pauvre Juif, qui ajouta :

— Vous n'aurez qu'à faire dire un mot à Samuel, à Rennes, rue.... rue.... près la porte *Aivière* (1).

— Cela suffit, dit la dame; je vous devrai encore de la reconnaissance.

— Je vous en dispense !.... s'écria derrière eux une voix tonnante, en même temps qu'une large main s'alongeant par dessus l'épaule de Samuel, s'empara de l'or, de la ceinture et des bijoux.

(1) Samuel n'osait dire rue aux Juifs, près de la rivière à l'endroit ou s'éleva depuis l'hospice Saint-Yves, fondé en 1358, par Eudon Le Bouteiller, prêtre de Tréguier, en mémoire des bienfaits de son illustre compatriote envers l'humanité.

C'était le redoutable sire de Tizé, qui, étonné de trouver la porte principale de la salle fermée, était entré, sans bruit, par une autre petite porte dont il avait la clé, et s'approchant par derrière, à pas de loup, avait surpris les coupables. S'il y avait eu des glaces dans ce temps-là, l'une d'elles aurait pu trahir ses mouvemens; mais les belles du XIIIe. siècle ne connaissaient encore, pour se mirer, que de petits morceaux de métal luisant ou argenté, qui étaient loin de reproduire les images avec la même vérité que nos moindres miroirs.

Le pauvre Samuel disparut sous la table, comme anéanti par la foudre. La dame tomba sur un siége, à demi-évanouie. Le sire Raoul, sans s'occuper d'eux, ramassa avec soin le butin qu'il venait de faire, le jugeant d'aussi bonne prise que celui qu'il récoltait souvent sur les caravanes de marchands passant sur ses domaines, avec ou sans permission ; puis, tirant le pauvre Israëlite du gîte où il s'était blotti :

— Mâudit Juif, lui dit-il, je vois que la torture n'est pas le meilleur moyen de t'arracher ton or. Va, chien de mécréant, je te rends la liberté. Je m'adresserai désormais à la dame de Tizé, pour te faire obéir.

L'honnête Samuel ne se le fit pas dire deux fois et s'esquiva, sans souffler un mot.

— Allons ! Madame, dit le brutal seigneur en agitant fortement le bras de sa femme, réveillez-vous et recevez mes remercîmens. Vous m'apprendrez, j'espère, votre secret. — Ludovie, dit-il à sa fille qui entrait, votre mère a besoin de vous.

Et il se retira brusquement.

Grâce aux soins empressés de sa fille, la châtelaine reprit bientôt ses sens. Elle apprit à Ludovie ce qui venait de se passer; elles pleurèrent ensemble.

— Ma fille, dit la châtelaine, le ciel nous punit de désobéir à ton redouté père.

Cependant le bon Samuel avait hâte d'être hors des domaines du sire de Tizé. En se glissant le long des haies, il entendit des pas précipités derrière lui, et redoubla de vitesse, sans oser détourner la tête. Enfin à l'extrémité d'un champ, sur les limites de la seigneurie de Tizé, il s'aperçut que c'était une femme qui le suivait; il marcha moins vite, regarda plusieurs fois, reconnut la jeune châtelaine, et s'arrêta :

— Le ciel soit loué! Ce ne peut être

rien de funeste, dit-il en croisant dévotement les mains sur sa poitrine.

Ludovie fut bientôt près de lui.

— Bon Samuel, lui dit-elle essoufflée et toute rose de sa course, je sais ce qui vous est arrivé. Voici d'autres bijoux..... Ce sont les miens..... Ils sont de bien peu de valeur..... Mais prenez, prenez..... Un jour ma mère reconnaîtra mieux le service que vous avez voulu lui rendre, et... s'il vous reste encore quelque moyen......

— Je suis pillé, ruiné, assassiné, ma noble damoiselle, s'écria le Juif. Où voulez-vous que je trouve d'autres ressources?

— Je ne sais, reprit la jeune fille d'un air désolé; mais nous vous rendrions au double tout ce qu'on vous a ravi, tout ce que vous nous prêteriez.

— Bonne et généreuse damoiselle, dit le Juif, en prenant et examinant minutieusement les objets qu'elle lui présentait.

Puis il marmottait en les tournant entre ses doigts :

— Une bague... un collier... une petite croix... une aiguille à passer dans les cheveux... Se priver ainsi de sa parure !

La main du Juif commença un mouvement pour rendre les objets à la jeune fille et s'arrêta.

— Je vais vous livrer, dit-il d'un air de regret, ma dernière ressource, mon pain ! Et il déposa la bague, le collier, la croix et l'aiguille au fond d'une large poche de son haut de chausse, d'où il tira un petit couteau, avec lequel il se mit à détacher de son vêtement des boutons de laine très-enflés, qu'il ouvrit et d'où tombèrent une multitude de petites pièces nommées *Agnels*. Quand Samuel eut extrait et compté un certain nombre de ces pièces, il les remit à la jeune damoiselle, en lui disant que c'était tout ce qu'il possédait.

Ludovie s'en saisit avec joie; elle eût presque embrassé le pauvre Samuel, s'il ne se fût éloigné en appelant sur elle toutes les bénédictions du ciel. Elle se hâtait de regagner le château, en comptant et repassant dans sa mémoire combien elle avait de pièces.

— Vingt-cinq! dit-elle. Oh! cela doit suffire.... Ma mère, ma bonne mère, Arthur ne partira pas.

A peine avait-elle parcouru la moitié du chemin, qu'elle rencontra un jeune villageois, dont la démarche lente et incertaine annonçait la tristesse, et qui semblait essuyer quelques larmes en marchant. Il se dirigeait aussi vers le château; elle l'atteignit bientôt, et le reconnut pour un homme lige du domaine de Tizé.

— Qui vous fait répandre ainsi des pleurs, Amaury, lui dit-elle?

— Noble damoiselle, répondit le jeune garçon avec un soupir, on me force à quitter ma vieille mère et Marie, ma fiancée, pour aller guerroyer en Palestine.

— Cette croisade, dit Ludovic, ne fera donc que des malheureux ! Ne pouvez-vous racheter votre vœu ?

— J'ai vendu ou engagé tout ce que je possède. Je me suis empressé d'en porter le prix au religieux qui a prêché la croisade. J'avais juste la moitié de ce qu'il fallait.

— Combien avez-vous, interrompit Ludovie?

— Vingt-cinq agnels, ma noble damoiselle, et il en faut cinquante.

— Arthur! Ma mère! dit Ludovie à demi-voix, en posant la main sur son cœur.

— Vous pâlissez, vous souffrez, ma noble damoiselle, lui dit le jeune garçon. Reposez-vous sur ce tronc d'arbre... Vous avez prononcé le nom d'Arthur... Oh! je devine... Rassurez-vous... Il pourra, lui, racheter son vœu, tandis que moi.....

Le villageois s'interrompit, regarda d'un air douloureux la jeune châtelaine qui murmura ces mots :

— Arthur n'est pas plus heureux!

— Par saint Mauran! (1) l'un de nous deux peut l'être, et ce sera lui, dit le jeune garçon. Prenez, prenez, noble damoiselle, et courez le sauver, tant que vous le pouvez encore. Le départ n'est pas éloigné; votre redouté père l'a fixé à quelques jours d'ici.

En même temps, il laissa tomber ses vingt-cinq pièces sur la robe de Ludovie, plongée dans sa douleur, et s'éloigna en disant :

— Par mon saint patron! le noble Arthur souffrirait quand je puis le soulager! Lui qui tant de fois arracha de la misère mes pauvres parens et ceux de Marie; lui qui, l'hiver dernier, exposa sa

---

(1) L'un des quatre prieurés qui, avec Saint-Sauveur, composaient tous les établissemens religieux de la première enceinte de Rennes, outre la cathédrale Saint-Pierre, dont ils relevaient.

vie pour conserver la mienne, quand je me débattais vainement contre les flots qui m'entraînaient sous la roue du moulin! Non, non... qu'il reste près de celle qu'il aime!... Marie!... Ma mère!... Oh! Marie!...

Et le pauvre Amaury pleurait amèrement.

Ludovie, revenue à elle-même, s'élança pour l'arrêter. Il avait disparu. Elle revenait pensive au château, quand, le long des murs qui enfermaient l'immense jardin, séparé du reste des fortifications, elle rencontra Arthur qui accourut près d'elle avec la légèreté d'un daim.

— Mon amie, lui dit-il en s'emparant de sa main, qu'avez-vous espéré? Votre message d'hier soir m'a fait bien du mal.

Le fils d'un gentilhomme doit-il donner l'exemple de la lâcheté et de l'infidélité envers Dieu?

— Arthur, répondit la jeune fille, d'une voix faible, voulez-vous donc abandonner votre amie?

— Ludovie aimerait-elle encore Arthur couvert du mépris des gentilshommes ses pairs et ses voisins?

— Toujours! répondit Ludovie. Avez-vous oublié ma devise : *Votre je suis, point n'aurai d'autre sire?* Mais le moyen que je vous offre blesse-t-il donc l'honneur d'un noble et bon gentilhomme? Combien ont ainsi racheté leurs vœux!

— On a soupçonné leur courage, leur foi, et, par mon épée! celui qui oserait me railler sur ce point, connaîtrait bientôt ce que pèse mon bras.

— Arthur, vous n'aimez plus Ludovie.

— Par Saint-Gréal! ne prononcez pas un tel blasphême. *Votre je suis, point n'aurai d'autre dame.* Un jour je reviendrai vous le prouver en ces lieux.

— Arthur, je n'y serai plus!

A ces mots prononcés d'un son de voix déchirant, Ludovie tomba à genoux, les yeux levés au ciel, et les mains croisées sur son sein.

— Mon Dieu, dit-elle, recevez votre fille en grâce!

— Ludovie, dit Arthur en l'entourant de ses bras pour la relever, tout plutôt que le malheur dont vous me menacez!... Parlez, je ferai ce qu'il vous plaira m'ordonner. Vous êtes ma suzeraine avant tout. Votre amour me consolera du mépris de mes égaux; qui me consolerait de votre perte? Rien; ma vie est la vôtre.

— Je retrouve mon Arthur, dit Ludovie en se relevant. Tiens, prends cet or, et va trouver le religieux qui reçoit les dons des croisés.

Arthur presse silencieusement la main de Ludovie, puis l'abandonne, s'éloigne lentement, détourne à chaque pas la tête vers son amie, toujours là, immobile à la même place, jusqu'à ce qu'elle l'ait perdu de vue. Alors elle essuie sa paupière humide, et regagne émue l'appartement de sa mère.

Arthur a été faible un moment, comme les amans de tous les siècles; ne le blâmez pas! — Ne blâmez pas Ludovie d'avoir agi d'après les idées de son siècle, en disposant de la fortune du serf comme de chose à elle appartenante. Le tien et le mien n'étaient pas séparés d'après les mêmes règles qu'aujourd'hui. Convenance, délicatesse, étaient des lois morales inconnues alors dans les rapports sociaux du faible et du puissant. L'humanité, ce grand mot de tous les âges, n'avait pas la même signification que de nos jours, et cependant la religion du Christ était descendue sur la terre; Saint-Louis régnait sur la France, et rendait sa justice sous les chênes de Vincennes! Gardez-vous donc des comparaisons; comparer est souvent une mauvaise mesure.

Arthur, en passant près d'un bouquet d'arbres, fut tiré de sa rêverie par des plaintes. Il s'approche et voit une jeune fille baignant de ses larmes le gazon où elle était assise.

— Qui peut vous causer ce chagrin, ma jouvencelle, lui dit Arthur?

— Hélas! mon noble sire, prendriez-vous en pitié les pleurs d'une pauvre vassale?

— Parlez, ma jeune fille, et si Arthur peut quelque chose pour votre consolation, croyez qu'il n'y épargnera ni sa bourse ni son épée.

La jeune fille leva vers lui de beaux yeux pleins de larmes éloquentes, et lui dit en sanglottant :

Mon noble sire, que Dieu vous console dans vos chagrins comme vous consolez les autres, et qu'il confonde les méchans qui veulent m'enlever mon fiancé! Vous connaissez Amaury, le plus vaillant garçon qui soit dans toutes les seigneuries voisines; ils l'ont forcé à prendre la croix pour aller en Palestine, et moi je mourrai seule ici près de mes vieux parens.

— Non, ma belle fiancée, vous ne mourrez point loin de votre Amaury. Il restera près de vous et de vos vieux parens.

— Hélas! il n'a pas de quoi racheter son vœu, soupira la jeune fille.

— Gardez-moi le secret, et allez relever votre fiancé de son vœu, lui dit Arthur en glissant ses pièces d'or dans la main de la jeune villageoise.

La jouvencelle, étonnée et joyeuse, tomba à genoux, remerciant le ciel et sire Arthur.

Ce dernier avait disparu.

Quelques jours après, on vit un grand mouvement d'armes, d'hommes et de chevaux dans la cour du château de Tizé. La riche bannière du seigneur châtelain flottait décorée de ses armoiries, au haut d'une longue perche, sur la principale tourelle. C'était le signal qui devait réunir les vassaux pour le départ. Des messagers étaient allés en outre les sémondre sur tous les points de la seigneurie. Des ménestrels allaient partout chantant des sirventes, en s'accompagnant sur leur vielle. Les croisés, excités par ces chants belliqueux, arrivaient par tous les chemins, suivis de leurs familles ou de leurs amis. On avait voulu retarder l'instant des adieux; on se promettait de ne se quitter que sur les limites des domaines de Tizé. Tout le monde répétait un saint cantique, interrompu souvent par des sanglots de femmes. Quelques-uns marchaient tristes et silencieux.

Arthur avait caché à Ludovie l'usage

qu'il avait fait de l'or qu'elle lui avait remis. Marie, la jeune fiancée, avait aussi gardé le secret de sire Arthur. Mais enfin le moment du départ approche; il n'y a plus moyen de la tromper. Depuis trois jours il réfléchit, il hésite. Tout son courage s'évanouit quand il pense aux reproches de son amie. Cependant il faut partir; l'honneur chevaleresque, la crainte du mépris l'entraînent. Il entend, avec une sorte d'ivresse, le bruit des armes, les sons du cor, le hennissement des chevaux qui semble l'appeler. Il oublie ses sermens à son amie pour ceux qu'il a faits à Dieu. Mais s'éloigner sans l'avoir vue lui serait impossible. Couvert de son haubert d'acier et de sa cotte d'armes, il s'achemine, inaperçu dans la foule, vers l'appartement de la dame de Tizé. Quelle est sa surprise! Ludovie et sa mère sont en costume de voyage. Ludovie, pâle comme un lys, jette un coup d'œil mélancolique à Arthur.

— Que vois-je, s'écrie-t-il? que présagent ces préparatifs?

— Arthur, dit Ludovie en posant sur la sienne une main glacée, vous m'avez trompée, vous partez! Vous ne me défendrez pas de vous suivre.

Arthur allait répondre; elle l'arrêta:

— Je sais tout, lui dit-elle, et votre générosité et votre manque de foi. Arthur, je vous suivrai, je vous soignerai, si le fer des infidèles.... Je mourrai près de vous, ou nous reviendrons ensemble.

Et votre père, Ludovie! votre époux, noble dame! reprit Arthur en s'adressant à la châtelaine.

— Mon seigneur et maître, répondit la dame avec fermeté, ne peut m'empêcher de suivre l'exemple de la reine Marguerite de France, de la comtesse d'Artois, de la duchesse de Poitiers, qui ont pris la croix et résolu d'accompagner leurs nobles époux à la guerre de Dieu.

— Mais Ludovie et vous, noble dame, ces fatigues sont au-dessus de vos forces.

— D'autres femmes, répliqua la châtelaine, les supporteront bien.

Toutes les objections d'Arthur échouèrent contre ces mots de Ludovie :

— Arthur, vous me repoussez! prononcés avec amertume.

Dieu le veut! dit-il, nous partagerons le même sort. Que le ciel nous protège sur ces plages brûlantes de Syrie!

Le son d'une trompe annonça l'instant du départ; ils descendirent dans la cour.

Les vassaux, rangés sur deux files, étaient irrégulièrement armés de lances, de haches d'armes, de maillets, de longues épées à deux tranchans, de fauchards ou d'arbalètes. Un homme, mieux armé que les autres, parcourait les rangs, suivi du sire de Tizé, et faisait une espèce d'appel ou dénombrement.

— Six vingts hommes, tous bien armés et équipés en guerre! dit-il enfin au seigneur Raoul.

Celui-ci, depuis quelques momens, avait perdu de vue l'opération de son cheftaine. Son attention était fixée sur le perron d'honneur.

— Oh! oh! s'écria-t-il, voici un nouveau renfort! et qui ne sera pas de petite importance! Halte-là! mes braves croisés, ajouta-t-il en s'avançant vers sa femme, sa fille et Arthur, qui descendaient en ce moment les dernières marches du perron.

Puis se tournant vers le jeune homme :

—Sire Arthur, lui dit-il, allez annoncer à votre père, monseigneur Alain le Jambu, que je l'attendrai avec ses vassaux à la croix du vieux chêne, sur les limites de ses domaines. Nous ferons route ensemble, si tel est son bon plaisir et le vôtre, mon jeune cheftaine. — Et vous, ma noble châtelaine, continua-t-il d'un air ironique en s'adressant à la dame de Tizé, je vous sais gré d'avoir eu l'intention délicate de m'accompagner jusqu'aux confins de ma seigneurie, ou peut-être jusqu'au port d'Aigues, où nous devons nous embarquer avec le pieux roi de France Louis ix! mais je vous dispense de cette fatigue. Recevez ici le baiser d'adieu, et laissez aux femmes de nos vassaux des soins et une faiblesse indignes de la dame de Tizé.

— Vous dites vrai, mon noble sire; aussi prétends-je montrer plus de courage, une âme plus forte que les femmes de vos vassaux. Je vous suivrai à la croisade avec ma fille. De hautes et puissantes dames nous ont donné l'exemple. Je veux les imiter, sous votre bon plaisir !

— Par l'âme de mon père ! qu'ai-je entendu ? Il fera beau voir de nobles dames et des jouvencelles combattre les mécréans ! Prenez nos harnais, vaillans croisés, nous resterons au logis. Mais ces épées, ces lances, ces armures sont trop pesantes pour vos faibles membres. Restez à filer ici pour la rançon de vos époux, s'ils tombent par malheur dans les fers des infidèles.

— Nous adoucirons, reprit la châtelaine, les ennuis de votre captivité et les douleurs de vos blessures.

— Je veux que vous me gardiez ici l'héritage de mes pères et la foi que vous m'avez jurée. Rentrez dans votre manoir, dame de Tizé, votre sire et maître vous l'ordonne. Tel est mon bon plaisir, et n'en démordrai point pour des larmes de femme. Honte à moi! Je serais le premier sire de Tizé qui se serait laissé attendrir.
— Eh bien! sire Arthur, vous êtes encore là! Votre père vous attend. Allez lui porter mon message. Il vous semble peut-être moins important que ceux qui vous sont donnés si ingénieusement le soir d'une rive à l'autre de la Vilaine? Pieux

croisé, votre zèle est il déjà refroidi ? Nous saurons le rechauffer. Nous prétendons ne pas laisser d'ennemi derrière nous.

Arthur, immobile, les yeux fixés sur Ludovie qui ne quittait pas ceux d'Arthur, ne savait plus ce qu'il ferait. Les paroles du sire de Tizé frappèrent en vain son oreille. Cependant il roule une pensée dans son esprit.

— S'il laissait partir le sir Raoul... Si Ludovie et sa mère consentaient à le suivre ensuite en secret... Mais comment faire comprendre ce projet à son amie en présence du terrible châtelain ? Il prend le parti de s'éloigner un instant pour laisser partir le sire Tizé, et revenir bientôt retrouver secrètement Ludovie et sa mère.

A peine a-t-il fait quelques pas, Ludovie

s'élance avec un cri déchirant, s'attache à lui, et expire dans ses bras.

Le jouvencel Arthur, dit-on dans le pays, partit quelques temps après pour la croisade, et son ombre seule revint visiter la tombe de Ludovie.

Ducrest de Villeneuve.

Carrier à Rennes.

Carrier,
A RENNES.

Peindrons-nous Carrier, ce montagnard à la figure have, au corps maigre et allongé, aux yeux hagards, au teint livide, ignoble personnage dont la bouche empruntait le langage du père Duchesne, dont l'âme était gangrenée de vices, dont les voluptés ressemblaient à celles d'un tigre? Nous ne souillerions pas nos pages du portrait de cet homme, qui fit rouler à la Loire des flots ensanglantés, si nous n'avions trouvé, chez nos concitoyens, une noble résistance aux ordres barbares du proconsul, et s'il ne s'était vu forcé de plier devant eux.

Envain Carrier, après l'installation du nouveau maire, avait été accueilli de lui par un brillant éloge, le 20 septembre 1793; la population ne se montra pas disposée en faveur du nouveau représentant, et la plupart même des membres du conseil général lui témoignèrent une froideur qui l'irrita. Le tailleur Leperdit, dont nous avons déjà fait connaître l'âme honnête et le caractère énergique, élevé par la révolution aux fonctions d'officier municipal, manifesta hautement son aversion pour l'homme de la terreur.

Carrier, au sortir de la cérémonie d'installation, se rendit au club des Cordeliers, et trouva tout d'abord une forte opposition contre ses mesures de rigueur. Il eut beau brandir son sabre nu, entremêler son discours de terribles jurons, il ne produisit pas l'effet qu'il attendait ; des citoyens courageux, parmi lesquels se trouvait Blin jeune, combattirent de toutes leurs forces l'organisation de son tribunal révolutionnaire.

« Patriotes de Rennes, dit Carrier en
» terminant son allocution, souvent in-
» terrompue, je ne suis pas content de
» vous. Vous sentez un peu l'eau de rose ;
» l'aristocratie filtre à travers votre peau.
» Vous n'êtes pas de vrais montagnards.
» Où est le buste de Marat, de cet homme
» vertueux, victime de son amour pour
» la patrie ? Je ne le vois pas dans cette
» enceinte. Vous dirai-je tous mes griefs

» contre vous? Je suis entré hier dans un
» de vos cafés. Qu'y ai-je vu? Des jeux de
» cartes avec les emblêmes de la royauté.
» Cela est intolérable. Je suis allé de là à
» votre théâtre : on donnait *Vénus péle-*
» *rine ;* j'ai été scandalisé de la légèreté
» du costume des divinités; de vrais sans-
» culottes ne doivent pas souffrir de pa-
» reilles infractions à la décence publi-
» que. »

Les citoyens Blin et Leperdit se permirent de rire de la morale de Carrier, et du singulier rapprochement de ses dernières expressions.

« Mille tonnerres, reprit Carrier d'un
» son de voix qui effraya la moitié du club,
» je ne croyais pas être si risible ! La vertu,
» ce principe des gouvernemens républi-
» cains, comme l'a dit l'aristocrate Mon-

» tesquieu lui-même, n'est pas ici à l'or-
» dre du jour, ce me semble. La Conven-
» tion sera-t-elle forcée de décréter les
» bonnes mœurs, comme elle a décrété
» le principe consolant de l'existence de
» Dieu? Ceux qui ont ri, ce sont des athées,
» des débauchés, qui ne devraient plus
» porter la tête sur leurs épaules; ils ne
» sont pas dignes de jouir des bienfaits de
» la république, et ils ne peuvent exister
» que dans une ville où la raison n'a pas
» encore de temple, et où le fédéralisme
» a jeté des germes que nous saurons bien
» étouffer. »

Après cette terrible péroraison, et des regards foudroyans lancés aux interrupteurs, Carrier descendit de la tribune, en agitant sur leur tête son écharpe tricolore, comme un signe funeste pour eux.

Un citoyen montagnard demanda la parole alors pour faire une motion patriotique et religieuse.

— « Le citoyen représentant Carrier,
» dit-il, nous a gourmandés éloquemment
» sur notre négligence à élever un temple
» à la raison. Je suis de son avis. Il est
» temps d'en finir avec le vieux culte. Le
» Grand Être, vulgairement appelé *Dieu*
» *le Père*, n'a pas besoin d'autre hymne
» que le chant des oiseaux, et la prière
» intérieure des cœurs reconnaissans. Chas-
» sons ces prêtres célibataires qui ne veu-
» lent pas épouser la constitution. N'avons-
» nous pas l'autel de la patrie, dont tous
» les citoyens sont les desservans ? c'est
» assez. Détruisons donc les églises, qui ne
» sont bonnes qu'à entretenir des super-
» stitions grossières, et proscrivons les
» images, comme l'a fait autrefois le ci-

» toyen Luther, le plus fameux républi-
» cain de son temps. Je propose donc, au
» commencement de cet hiver, de faire
» remettre aux pauvres gens qui n'ont pas
» de quoi se chauffer, les saints en bois
» de la cathédrale et autres églises, afin
» que ces gaillards-là soient utiles une fois
» à l'humanité souffrante. »

— A la bonne heure, dit Carrier, voilà une motion.

La foule applaudit le citoyen bel-esprit et esprit fort, qui descendait de la tribune d'un air triomphant.

— Sortons, dit Leperdit à Blin; ils deviennent ridicules.

Carrier les entendit, et jura de s'en venger. — Oh! la mauvaise ville, grommela-t-il entre ses dents. — Il ne tarda pas à sortir lui-même du club, en se faisant accompagner de la section la plus avancée de la société populaire. Il rencontra sur le seuil une double rangée de citoyennes, qui venaient lui offrir une couronne civique, et recevoir le baiser fraternel. Il marcha, au milieu de la foule, jusqu'à la place Égalité, pour assister à la plantation d'un arbre de la liberté, et après la cérémonie, il fit brûler, au pied de l'arbre, le portrait de Louis XVI, le drapeau de la force départementale, des armoiries, tout ce qu'il appelait les attributs du despotisme; mais il n'était resté auprès de lui que cette race d'individus sans principe et sans loi,

<blockquote>Ce tas d'hommes perdus de dettes, de débauches,</blockquote>

comme les nomme notre grand Corneille; enfin, cette lèpre honteuse qui s'attache aux révolutions, et en déshonore souvent la beauté.

HIPPOLYTE LUCAS.

Une Coquette.

> Chose infidèle
> Et folle qu'une femme, être incontant, amer,
> Orageux et profond comme l'eau de la mer!
>
> (V. HUGO, *Marion Delorme.*)

> Femmes! femmes! femmes!
>
> (BEAUMARCHAIS.)

> L'ange était un démon.
>
> (V. HUGO.)

Une Coquette.

I.

Heureux le jeune homme qui, en revêtant sa robe de puberté, trouve un cœur de femme qui le comprenne et devine son avenir ! Mais malheur à celui dont le cœur simple et crédule se heurte au cœur d'une coquette ! Malheur, si son regard s'arrête sur ce regard doux et tranquille, comme la surface d'une mer endormie, mais décevant comme elle! phare brillant et perfide, qui cache la mort et le désespoir!... Malédiction aussi sur la femme qui, sans pitié, joue avec l'amour d'un jeune homme, et brise toute une existence sans remords, avec un sourire et par délassement, comme un enfant gâté brise un jouet qui l'amusa un instant! La plume de l'écrivain doit, comme un fer brûlant, imprimer sur son front le stigmate de la réprobation, afin que, si le sang d'un homme a sur-tout rejailli sur elle, la voix publique puisse, en la montrant du doigt, lui jeter au milieu des fêtes, comme le glas d'un remords vengeur, ces terribles paroles : « Voyez-vous cette jeune femme qui sourit.... Ce n'est pas une coquette... c'est un assassin.... elle a encore du sang au front! »

O vous qui présidez à notre destinée, qui souvent d'un mot en faites un ciel où un enfer!.... Femmes! comment vous appeler? Anges ou démons? Hélas! que de génies, étouffés, inconnus, ne demandaient qu'un de vos sourires pour éclore purs et brillans, et ont vainement imploré ce sourire, doux rayon qui pouvait seul les échauffer et les donner au monde et à l'immortalité!!

II.

Au fond de cette bonne Bretagne au soleil brumeux et incertain, sur le sommet d'un riant coteau, s'élève une gracieuse petite ville, dont la déesse de la chasse voulut, dit-on, jadis être la marraine. — La Rance coule paisiblement au fond de la vallée, et voit se mirer dans son onde le dôme des clochers à la taille svelte et élancée. Deux fois le jour, la vague échappée à la mer, qui se brise cinq lieues plus bas, après avoir glissé entre une double chaîne de montagnes rocailleuses, vient, de son écume jaunâtre, troubler les eaux de la petite rivière qui baigne les pieds de la cité bretonne.

Semblable à cette rivière qui fertilise ses campagnes, Dinan, jadis si paisible, si simple dans ses atours, a vu insensiblement la rudesse, peut-être aussi la pureté de ses mœurs, s'effacer sous l'affluence continuelle des voyageurs qui viennent visiter ses sites pittoresques...... Ce n'est plus la naïve et modeste paysanne, conservant avec respect les anciennes traditions de ses pères; c'est déjà la coquette et prétentieuse jeune fille qui, reniant, comme un parvenu, l'obscure condition de ses ancêtres, s'empresse de cacher, sous le manteau de la civilisation, tout ce qui pourrait lui rappeler sa simplicité primitive.

Et cependant qu'elle est belle, mille fois plus belle, aux yeux de quelques-uns de ses enfans, avec les restes de cette beauté franche et antique qu'elle semble dédaigner, et qu'elle s'efforce tous les jours de faire disparaître sous le fard d'une coquette uniformité! Qu'ils aiment ses remparts aux tours si fortement assises, transfuges débris des siècles féodaux, sur lesquels la main du temps avait glissé et que l'art a pu seul et avec peine découronner, pour suspendre sur leur cîme mutilée des jardins aériens; ses *porches* longs et béans, à l'œil large et curieux, dont le toit protégea si souvent la misère du pauvre et la folie des amans; ses églises avec leurs arcades extérieures, s'arrondissant si gracieusement sous leurs festons de pierre et leur crête pyramidale; avec leurs vitraux si vivement coloriés, ne renvoyant aux fidèles qu'un soleil doux et soyeusement nuancé!

Loin de leur ville natale, au milieu des larges rues d'une bruyante cité, qu'ils ont encore de plaisir à se rappeler ces rues étroites et boueuses dont les hautes maisons, près de s'embrasser, semblent de vieilles femmes qui penchent la tête et prêtent l'oreille pour mieux deviser des passans! — Mais de tout cela, que restera-t-il qui ait résisté à l'envahissement d'une monotone régularité? Encore quelques années, s'ils reviennent la voir, ils s'écrieront en soupirant et en cherchant à la reconnaître : « Tu n'es plus que jolie ! »

III.

C'était en 1830, par un soir de carnaval;
aussi la petite ville, ordinairement si tranquille et couchée à dix heures, veillait ce jour-là. — Il y avait bal chez M. Murville, riche banquier. Le bruit inaccoutumé de quelques voitures, le luxe qui régnait dans les appartemens, semblaient faire oublier que l'on était dans une ville de cette province marquée d'un trait noir. — Il y avait foule, cohue, soirée délicieuse en un

mot... *On s'y portait...* comme à Paris...
Seulement l'éclat naturel des joues des
jolies danseuses, attestait que des veilles
quotidiennes n'avaient pas encore flétri
ces frais visages de femmes...

Dans le premier salon, un jeune homme
se tenait appuyé contre une cheminée,
effeuillant machinalement quelques fleurs
qui se trouvaient sous sa main... On était
peu frappé d'abord à la vue de ce pâle et
sombre visage, rendu plus sombre encore
par des yeux ternes et glacés. — Sa haute
mais frêle taille s'était courbée avant l'âge,
soit que le vent du malheur eût déjà passé
sur elle, soit que ce fût une trop faible
tige pour supporter cette large tête qui la
dominait; — et cependant bientôt on ne
pouvait détourner le regard de ce front
chauve et sillonné par de précoces rides,

qui déposaient, hélas! que déjà bien d'amères pensées, d'espérances déçues avaient passé par là!... et l'on cherchait malgré soi à interroger les plis nombreux de ce front si large et si beau, pour y lire les orages qui avaient laissé de si profondes traces. — Comme, après une tempête, l'habitant du rivage jette un long regard sur la mer tout émue encore, et semble lui demander quels mystères et quels *sinistres* ses vagues palpitantes recouvrent de leur froid et sombre linceul. —

C'est que, à peine âgé de vingt-cinq ans, Alfred Bonneval avait largement bu au calice des déceptions! La gloire, brillante et trompeuse sylphide qui si souvent était venue s'asseoir au chevet de son lit, avait glissé rieuse et perfide entre les bras qui cherchaient à la retenir, et contente d'avoir troublé son sommeil, ne lui avait posé un instant une couronne sur la tête que pour qu'il la vît bientôt souillée et foulée aux pieds de l'envie!... Confiant dans sa force, le cœur brûlant de ce feu sacré que l'on appelle génie, il avait voulu ne devoir qu'à lui-même son avenir... Pauvre jeune homme qui croyait à l'art! Hélas! gloire, amour, tout lui avait menti... Il venait de passer deux années à Paris, où, préférant plutôt briser ses pinceaux — il était peintre — que de les avilir en ne travaillant pas pour l'art, il n'avait pas tardé à absorber une partie de son faible patrimoine, et il était revenu demander à l'air natal de nouvelles forces pour soutenir cette lutte obstinée que la gloire et l'envie livraient à son génie; lutte dans laquelle son corps débile s'était promptement usé... Oh! que de fois il avait été sur le point d'en finir avec une existence si fatiguante et si décolorée... Mais une main l'avait soutenu dans sa route pénible. Alfred Bonneval avait un ami dont le cœur avait compris le sien; et cependant quels rapports la nature avait-elle établis entre le sombre et pâle Alfred, et ce frais et brillant Gustave Teligny, doué de tous les avantages extérieurs? C'est que sous une enveloppe légère et frivole, Gustave cachait une âme grande et généreuse; le monde, qui ne juge si souvent que sur l'extérieur, le tenait étourdi, superficiel, fait pour briller uniquement dans un boudoir ou dans un salon... et lui, semblait, par une fatuité et une mise recherchée, se complaire à entretenir cette opinion... A peine osait-on lui accorder de l'esprit; et cependant lorsque, seul avec Alfred, il rejetait cette enveloppe de fat, comme sa parole éclatait en expressions riches ou naïves, simples ou sublimes! quel trésor d'imagination il étalait! Mais il lui fallait pour écho le cœur de son ami, ce cœur frère du sien, ce cœur tout ulcéré et qu'il finissait cependant toujours par endormir, en le berçant dans sa magique parole, avec sa voix douce, pénétrante, et qui avait un si grand pouvoir sur l'âme brisée du malheureux Alfred.

La même ville les avait vus naître; le même collége avait couronné leurs premiers efforts, et Paris les avait reçus jeunes hommes tous deux, impatiens de gloire et d'avenir... Gustave venait d'être reçu médecin, et n'ayant pas voulu quitter son ami dont la santé lui donnait de l'inquiétude, il l'avait engagé à le suivre au pays natal, où ils avaient tous deux laissé tant d'affections....

Les salons se remplissaient insensiblement, et Gustave avait envain ce soir-là essayé de dissiper la tristesse qui pesait sur le front d'Alfred ; lui-même était préoccupé, et son œil avide, cherchant à percer la foule des arrivans, décelait une attente inquiète et impatiente.... La porte s'ouvre ; les deux amis ont tressailli ; une vive rougeur colore les joues pâles d'Alfred. Il se précipite à la rencontre d'une jeune femme qui venait de paraître ; mais il s'arrête en frémissant.... Une expression étrange, indéfinissable de soupçon, de crainte, de jalousie, erre dans son regard tout-à-coup éclatant, mais toujours sombre. Il a été devancé par son brillant ami, qui, radieux, conduit à la première place inoccupée la jeune Léonie de Nelval, où elle est bientôt entourée d'un groupe de danseurs, sollicitant la faveur si enviée d'être son partner.

Madame de Nelval, fille d'un négociant de la ville, avait été mariée à dix-sept ans à un presque vieillard, qui la laissa veuve à dix-neuf ans, avec dix mille livres de rente, dont il avait sans doute voulu payer les quelques mois d'ennui d'une union aussi disproportionnée. Léonie était petite, mais sa taille était si bien prise, si souple, qu'on oubliait facilement cette imperfection, si toutefois, chez elle, c'en était une. Sa figure respirait tant de grâce et de douceur, que sans être précisément jolie, elle paraissait l'être, et qu'on finissait par la trouver charmante avec ses grands yeux bleus si expressifs, dont l'éclat était encore relevé par l'encadrement de ses noirs sourcils, si purs et si finement arrondis, et sur-tout de sa paupière inférieure, légèrement estompée. Sans doute, parmi cet essaim de jeunes filles, fraîche et brillante corbeille de fleurs, il s'en trouvait qui eussent pu lui disputer le sceptre de la beauté; mais il y avait une telle harmonie dans toute sa personne, que l'ensemble dispensait des détails, et faisait qu'on ne s'apercevait pas de ce qui manquait à la régularité des traits; et puis, pas une ne dansait avec tant d'abandon, ne chantait avec plus d'âme, et sur-tout ne savait comme elle se former une auréole d'admirateurs, heureux d'un regard, et quêtant un sourire, car elle était coquette, non de cette innocente coquetterie de jeune fille, qui consiste à disposer d'une manière plus ou moins facile les plis d'une robe ou d'une mantille, mais de cette coquetterie interne, raffinée, qui gît dans une sensibilité feinte et d'à-propos, dont le triomphe est d'inspirer des sentimens qui sont nécessaires à la vanité qu'ils caressent, mais qu'elle se garde bien de partager; coquetterie d'autant plus dangereuse chez Mme. de Nelval, qu'elle savait la cacher sous un air doux, simple, modeste et presque sentimental. Oui, elle était coquette, et elle n'avait pas encore dix-neuf ans!! Oh! qu'elle était heureuse de régner en despote sur cette foule d'amans fascinés par son regard! Elle eût cru son triomphe incomplet, et peut-être eût-elle été maussade toute une soirée, si quelque jeune frondeur eût semblé méconnaître sa puissance, en ne venant pas comme les autres mendier un regard et vivre d'un sourire de sa bouche mutine.... Mais non,

— tous ces jeunes gens qui papillonnaient autour d'elle, l'aimaient, car chacun d'eux se croyait préféré, tant elle était adroite, cette jeune fille de dix-neuf ans, à dispenser ces mille faveurs de femmes qui promettent tant et n'engagent à rien; brillantes bulles de savon que crée un sourire, et qu'un caprice fait évanouir. Cependant Alfred et Gustave semblaient fixer d'une manière plus particulière l'attention de Mme. de Nelval. Le premier sans doute, par le prestige qui entoure, sur-tout en province, le nom de l'artiste, même malheureux et méconnu ; le second, par les succès qu'il obtenait dans les salons, et par cette réputation d'homme à la mode, écueil ou viennent échouer tant de réputations de femmes....

Ils étaient rivaux, car les malheureux

l'aimaient tous les deux. Oh! qu'ils devaient souffrir, eux si étroitement unis, non par ce sentiment qui porte deux jeunes gens à se rechercher dans le monde, affection froide et polie, souvent toute de convenance, mais par cette liaison de deux cœurs qui se sont compris, cette amitié de toute la vie, qui a ses exigences et ses jalousies; qu'ils devaient souffrir de ne pouvoir s'épancher dans le sein de l'amitié, eux qui, jusque là, n'avaient pas eu une pensée qui ne fût commune! Mais ils se croyaient rivaux; et si le bonheur en amour a tant besoin d'écho, chacun d'eux se croyant préféré, n'osait affliger le cœur de son ami par la confidence de ses espérances et de son bonheur.

L'orchestre a fait entendre sa voix éclatante. Alfred s'avance vers Mme. de Nelval.

Cette fois, il doit être son partner.... D'où vient qu'en saisissant cette main qu'elle lui présente avec un doux sourire, Alfred a frémi? Il tremble comme un poltron forcé de se rendre sur le terrain! C'est que lui aussi marche à un duel, un duel où il va d'un seul coup jouer son bonheur, tout son avenir! Mme. de Nelval sait qu'elle est aimée; elle a semblé, même en l'encourageant, partager cet amour.... Et il tremble! Son cœur bat violemment dans sa poitrine! C'est qu'il va risquer toutes ses illusions de plusieurs années contre un aveu qu'il veut obtenir, et que la coquette a toujours éludé.

Quel jeune homme n'a pas profité de ce tête-à-tête qu'offre une contredanse; de cet isolement au milieu de la foule, en présence des mères et souvent des maris, pour glisser de doux aveux bien bas, bien bas; aveux qu'une femme est toujours forcée d'entendre; aveux brisés, interrompus, repris, et que l'orchestre protège de sa bruyante harmonie ? Aussi n'est-il pas étonnant de voir tant de jeunes gens adorer la danse, et tant de gens respectables, des maris par exemple, en dire du mal. Sans tout cela, que serait le bal? Une ennuyeuse réunion de marionnettes pimpantes, qu'une même voix, qu'un même ressort font mouvoir et s'évertuer. Le bal, pierre fondamentale de l'intrigue amoureuse, rendez-vous des amans, écueil de la fidélité conjugale: oh! c'est autre chose, n'est-ce pas? Interrogez ces fronts soucieux, ces fronts de maris qui assistent parés et résignés comme des victimes à la représentation dont ils font le plus souvent les frais, sans pouvoir soulever la toile qui

cache le jeu des coulisses. Et vous redirez :
Oh le bal, c'est autre !!

Sans doute Alfred a profité de ces courts
instans que laissent un été ou une treniz.
Il n'a pas laissé, comme la gloire, l'occasion glisser entre ses bras. Oh non! Comme
il parle avec feu à sa jolie danseuse! Ce
n'est plus ce triste et sombre jeune homme,
vieillard anticipé : son large front s'est
éclairci, sa haute taille s'est redressée et
domine la foule qui l'environne, son œil
glacé brille d'un noble enthousiasme. Oui,
sans doute, ses rêves de jeune homme
lui sont revenus. Il parle amour, gloire,
avenir, à cette jeune femme qui, folâtre,
sourit aux aveux de son amant, si beau en
ce moment de génie et d'espoir, tandis
qu'elle laisse tomber quelques mots négligemment de sa jolie bouche, qu'elle effleure avec son éventail.

Alfred reconduit bientôt Mme. de Nelval à sa place. Le bonheur rayonne dans ses yeux, qui semblent en faire la confidence à tout le monde. Mais il aperçoit Gustave, et un nuage de tristesse vient obscurcir sa joie. Amant heureux, n'est-ce pas à lui à consoler l'amitié des malheurs de l'amour !

Le bal depuis quelques heures avait cessé. Le soleil peu matinal de février déjà se levait blafard à l'horizon, et Alfred et Gustave ne songeaient point à demander au sommeil l'équilibre des fatigues de la soirée. Et cependant, assis tous les deux devant quelques tisons, qu'ils ne songeaient pas à ranimer, ils semblaient embarrassés, et leur conversation, languissante et brisée, paraissait être l'exorde non préparé d'une explication que chacun désirait et n'osait entamer.... Enfin, fai-

sant un effort sur lui-même, Alfred se lève, et, après quelques tours de chambre, il s'approche de son ami, et, lui prenant la main, en se penchant sur sa chaise :
« Gustave,.... tu aimes madame de Nel-
» val;.... ne m'interromps pas.... Depuis
» quelque temps je m'en doutais... Hier
» soir je m'en suis aperçu... Hélas! pour-
» quoi faut-il que notre destinée ne nous
» ait pas même séparés en amour? car c'est
« le seul bonheur qu'on ne puisse partager
» avec un ami. Pourquoi faut-il que l'un
» ne puisse être heureux que du malheur
» de l'autre? » Alfred a dit tout cela d'une voix lente, contrainte, saccadée.... La figure de Gustave avait pris une expression presque stupide...

Alfred reprend : « La guerre a été noble
» et franche, comme entre deux amis for-

» cés de se battre... Le vainqueur ne doit-il
» pas consoler le vaincu? » Et il serre avec
effusion la main de son ami. « Eh bien!
» ne m'as-tu pas compris? » « Elle t'aime-
» rait, s'écrie Gustave, en bondissant sur
» sa chaise, et comme secouant un mau-
» vais rêve, elle te l'aurait dit? » — « Ce
» soir même. » — « Damnation, reprend-
» il d'une voix sourde et brisée : à ton
» tour ne m'interromps pas.... Si cette
» bouche, qui ce soir t'a dit qu'elle t'ai-
» mait, venait de me faire le même aveu,
» si sa main avait aussi pressé la mienne,
» Alfred, que dirais-tu? » Et tous deux
restent immobiles un instant en face l'un
de l'autre. « Oh non! cela ne se peut, s'é-
» crie Alfred, tu me trompes, n'est-ce
» pas? » Gustave relève la tête; la pâleur
qui couvre son visage effraie son ami.....
Léonie, Léonie, continue-t-il d'une voix

éclatante et pantelant de colère...... mais c'est infâme à toi,... infâme...., Jouer avec l'amour de deux hommes, et avec un sourire si doux, sourire d'ange que je croyais.. c'était celui d'un ange déchu.... Oh! que n'ai-je là ton cœur entre mes mains, pour le broyer, le torturer lentement, et lui faire comprendre tous les tourmens qui déchirent le mien! Elle me trompait!....

— Oh! ce n'est pas possible!... Gustave!.. parle moi.... tu ne me réponds pas?.... Dis-moi donc que tout cela n'est qu'un jeu, qu'une horrible plaisanterie, que tu mentais?.... Elle n'aime que moi, n'est-ce pas? Ne vois-tu pas, Gustave, que je te le demande, que j'ai besoin d'y croire?..

Gustave serre convulsivement la main de son ami : « Malédiction plutôt sur elle!.» Et leurs lèvres, contractées par la rage, murmurèrent ce mot : Vengeance!...

Ils avaient un rival, hélas! dont ils étaient bien loin de se douter!... Un rival séduisant, gai, éblouissant... Un rival, dont le nom seul faisait battre vivement le cœur de cette jeune femme, auquel nuit et jour elle rêvait, pour qui elle eût tout sacrifié.... C'était le bal!... le bal avec ses parfums, son orchestre et ses brillans quadrilles. « Tout était bal en elle!...» Il fallait la voir se perdre au milieu de la foule, emportée par un galop joyeux ou une valse frénétique, l'œil en feu, haletante, et les épaules humides de sueur, ne s'arrêtant que lorsque la fatigue ou le silence de l'orchestre la forçaient à tomber sur sa chaise, ivre de danse et de plaisir!...

Pauvres jeunes gens, qui croyaient pouvoir lutter avec un tel rival, à qui ils servaient de hochet; un rival qui permettait presque tous les jours à cette jeune fille d'exercer son avide coquetterie, la seule corde qui vibrât encore à son cœur!...

IV.

Quelques jours après, Alfred Bonneval était de retour à Paris, et Gustave Teligny voguait vers l'Ile-Bourbon... tous les deux le cœur gros de leur serment, car ils é-taient assez malheureux pour aimer encore la coquette Léonie...

Madame de Nelval ne manqua pas un bal de l'hiver....

Elle n'avait pas encore dix-neuf ans....

V.

Oui, tout mortel errant nourrit un long amour
D'aller revoir le sol qui lui donna le jour....
(A. CHENIER.)

Le plus grand triomphe de l'amour c'est
de guérir de la coquetterie.
(LAROCHEFOUCAULT).

Tout chez les femmes est amour ou vanité.
(Madame DE STAEL).

Cinq années s'étaient à peine écoulées, qu'un léger bâtiment, venant de l'Ile-Bourbon, mouillait dans la rade de Saint-Malo, la ville aux corsaires, qui, comme un frileux en hiver, enveloppée dans son lourd manteau de granit, laisse à peine voir le bout du nez de ses hautes maisons, rivalisant de hauteur, pour aller chercher un rayon de soleil et ne pas étouffer, resserrées qu'elles sont, par leur ceinture de mâts et de cordages.... Aussi le soir, quand, de sa vague blanchie, la mer vient fouetter en sifflant ses hauts remparts, sur lesquels elle grimpe et se roule, on dirait tantôt une verte tunique, dont les franges d'argent ondoyent au souffle de la brise, autour de ses larges flancs de pierres, tantôt un troupeau de cavales sauvages, qui, leur blanche crinière au vent, cherchent à escalader les murs de la ville, et à passer au galop sur elle....

M. Delepine, riche colon, enfant de la Bretagne, revenait passer le reste de ses jours dans son pays avec sa fille unique, la jeune Nelly, qui avait vu le jour sous le ciel pesant de Bourbon; ravissante créole à la démarche onduleuse et nonchalante, fragile fleur enlevée aux sables brûlans des colonies, et transplantée sous le sol triste et froid de la Bretagne.

Nelly a dit adieu pour toujours à cette vie molle du tropique! Mais qui lui rendra sa coquette habitation se carrant si bien à l'aise au milieu de ses beaux jardins? où retrouvera-t-elle ces bois de cocotiers et de girofliers au doux parfum; l'ombreux et frais palmier, et ces champs de cannes à sucre dont la tige frêle et tremblante s'incline au moindre souffle du vent que les baisers de la mer ont raffraîchi, et ondule en frissonnant sous ses vertes feuilles comme l'épi de nos champs?

Cependant elle a salué d'un cri de joie cette côte de France hérissée de rochers ! C'est que là, le bonheur l'attendait; là, elle devait être unie à son fiancé, l'élu de son cœur !...

Au nombre des passagers se trouvait aussi Gustave Teligny. — Et lui aussi revenait au beau pays de France, possesseur d'une fortune qu'il eût pu décupler en restant encore quelques années loin de sa patrie ! Mais peut-être sous la jolie habitation de Saint-Denis, si fraîche à force d'art, de doux souvenirs de France étaient venus se mêler aux parfums de la brise du soir, qui avait peut-être caressé cette terre aimée, et qu'il respirait avec tant de bonheur lorsqu'il se balançait mollement sur son hamac de jonc, dans ces momens de doux *rien faire* créole où l'on semble s'oublier vivre ?

Il était riche... Peut-être aussi pensait-il toujours à cette Léonie qui jadis s'était fait un jeu de son amour, à lui, pauvre jeune homme sans fortune, et à laquelle il pouvait se présenter, fier d'une aisance qu'il ne devait qu'à lui-même.

Et puis, il est si doux pour un jeune homme, qui, ayant toujours eu la conscience de sa force, et souvent été méconnu par ses concitoyens, de revenir riche dans sa patrie, leur montrer ce même jeune homme qu'ils ont vu s'exiler n'ayant d'autre bagage que son talent et la foi de son avenir, pour aller chercher sur une terre étrangère un peu d'or pour forcer la considération que son mérite eût souvent demandée en vain à son pays natal!...

Gustave a revu le berceau de son en-

fance... il y a retrouvé tous ses souvenirs...
Mais ses amis, mais cet Alfred, autre lui-même, qu'est-il devenu?... Depuis quelque temps il n'avait plus reçu de ses nouvelles... Agité par de tristes pressentimens dont il ne peut se rendre compte, ce n'est qu'en tremblant qu'il se hasarde à prononcer son nom. — Hélas!

VI.

Un soir... c'était un soir d'été... époque où la folie et les plaisirs métamorphosent la petite ville en joyeuse habitation de campagne, par le rendez-vous que s'y donnent ces riches désœuvrés qui viennent, sur la réputation de ses eaux minérales, y chercher de la distraction dans des plaisirs vrais et champêtres, et de l'appétit pour leurs estomacs délabrés par les veilles et les excès... Madame de Nelval s'apprêtait pour aller au bal, et sa toilette achevée, elle s'était étendue mollement sur un sopha, en attendant l'heure de partir... Une de ses mains, si blanches et si petites, tantôt errait coquettement sur le bras de l'ottomane, ou jouait nonchalamment avec le gland du coussin que refoulait son joli corps. De l'autre main elle arrondissait une boucle de cheveux négligente et indocile... Rien de plus frais, de plus élégant que ce pavillon construit par la jeune veuve pour lui servir de boudoir d'été; mystérieux réduit dont le silence avait été plus d'une fois troublé par des aveux passionnés, et par les éclats de rire que l'impitoyable coquette échangeait avec le désespoir de ses amans... Les parfums de l'Orient n'y brûlaient pas dans des cassolettes dorées; une esclave au front d'ébène n'agitait pas en chantant, assise à ses pieds, un éventail pour raffraîchir l'air qu'elle respirait;... mais en face d'elle... une des croisées du pavillon, entr'ouverte, laissait arriver par bouffées, jusqu'à la jeune femme, l'arôme des fleurs qu'elle-même cultivait et qu'elle aimait tant... et derrière elle, son oreille attentive pouvait entendre, au pied d'un balcon qui, inachevé à dessein, s'avançait sans défense sur une pièce d'eau, le sourd clapotement de la vague qui venait mourir contre les murs du pavillon, et le murmure du vent du soir, dont la douce haleine jouait furtivement dans ses cheveux... Léonie était rêveuse ; elle soupirait... le cœur sans doute ému par la pensé du plaisir qui l'attendait. Peut-être songeait-elle aussi involontairement qu'Alfred et Gustave ne seraient plus là pour l'admirer et lui répéter ce qu'ils lui avaient dit cent fois, qu'elle était la reine de la soirée?... Tout à coup une ombre, glissant comme une apparition, se dessine sur le rideau de la croisée entr'ouverte... Un homme s'est légèrement élancé dans l'appartement... L'effroi glace la voix de madame de Nelval; et cependant elle n'a pu méconnaître, malgré le changement qui s'est opéré dans ses traits, son ancien amant, Alfred Bonneval; non tel qu'elle l'avait vu ce soir de bal, si beau de génie et d'amour, mais vieilli, l'œil hagard, les joues creuses, l'air égaré, et les vêtemens en désordre!

« Oh! te voilà, ma Léonie, s'écrie Al-
» fred en s'avançant vers la jeune femme
» tremblante..... Oh! te voilà..... je te re-
» trouve enfin..... Oui, c'est bien toi.....
» Oh! tu es encore plus belle..... Si tu

» savais....... je t'ai cherchée bien long-
» temps..... Ils riaient quand je te deman-
» dais..... J'ai bien souffert loin de toi,
» ma bien-aimée...... Vois comme le cha-
» grin m'a vieilli....... Mais tu me recon-
» nais bien, n'est-ce pas?..... moi, ton
» Alfred, que tu aimais tant! » Et emmenant madame de Nelval, que le saisisse-
ment laissait sans force, dans un coin
de l'appartement, il reprend bien bas....
« Je me suis échappé, ils ne voulaient pas
» me laisser partir.... Ils ne me quittaient
» pas d'un instant..... Chut! Parlons bien
» bas; car s'ils m'apercevaient, ils me lie-
» raient encore les bras... Tiens, regarde...
» et il lui montrait ses bras décharnés et
» meurtris. — Oh! les jaloux... ils disaient
» que j'étais fou; j'ai bien entendu... Mais
» ils n'ont qu'à chercher... bchit... rien...
» Tu me défendras, d'ailleurs, n'est-ce pas?

» car tu m'attendais. — Tu as déjà fait ta
» toilette... tout préparé... Nous allons
» aller à l'église. Viens, viens ma bien-
» aimée.... Fou!... moi fou!... fou!... Ah!
» ah! » Et il riait d'un rire convulsif et stri-
dent, en sautant comme un enfant et en
frappant des mains... car, hélas! il n'était
que trop vrai, cette vaste intelligence,
trop large pour son corps fragile, com-
primée par une nature trop étroite, avait
brisé l'enveloppe qui la retenait..... Il
était fou; et le malheureux était parvenu
à s'échapper d'une maison de santé où
ses amis l'avaient placé...

Madame de Nelval a tout compris......
Pâle et agitée, elle n'ose ni faire un pas
pour s'échapper, ni lui adresser la parole. Cependant elle lui dit d'une voix
bien douce et si faible qu'un amant pouvait

seul l'entendre : « Quoi! c'est vous,
» M. Alfred? — Qui m'appelle? quelle est
» cette voix? s'écrie le malheureux jeune
» homme. » Et il saisit à deux mains son
front brûlant, comme pour empêcher ses
idées de s'échapper confuses et folles......
Il relève la tête : « Où suis-je? Quelle est
» cette femme? Ah! c'est vous, madame. »
Et il dit ces derniers mots d'une voix
creuse et brisée, car avec cet éclair de
raison ses illusions s'étaient évanouies,
ses souvenirs cruels lui étaient revenus....
«Ah! c'est vous, madame, reprend-il
» d'une voix émue et adoucie..... vous que
» j'aimais tant!.... J'avais risqué tout mon
» avenir, tout mon bonheur sur un amour
» de jeune femme de dix-neuf ans!.... Je
» vous aimais plus que la gloire, plus que
» ma pauvre mère..... C'est que je sentais
» là quelque chose qui me disait qu'avec

» un mot de vous, un mot d'amour, rien
» ne m'était impossible. Ce mot, Léonie,
» vous me l'avez dit un soir, dans une
» contredanse ; vous étiez jolie, parée
» comme aujourd'hui. Vous en souvient-
» il ?.... Mais votre bouche en avait men-
» ti !..... — Monsieur ! — Silence, re-
» prend-il d'une voix sourde et imposante...
» moi seul ai le droit de parler en ce mo-
» ment.... Savez-vous ce que je suis de-
» venu depuis ce jour maudit? Poursuivi
» par ce fatal amour que je ne pouvais
» arracher de ma poitrine.... en proie à la
» fièvre, à la misère, une seule pensée
» vivait en moi, une seule pensée d'un
» moment de bonheur ; l'espoir de me
» venger ! As-tu donc cru, jeune fille, que
» tu pourrais inonder d'espérance et d'a-
» mour le cœur d'un jeune homme aimant
» et crédule, lui faire entrevoir toutes les

» joies de la terre et du ciel, pour lui dire
» après que tout cela n'était qu'un rêve,
» qu'un mensonge? » —Grâce! grâce! s'écrie madame de Nelval en se précipitant à ses genoux et les mains tendues vers lui. — Arrière! fit-il en la rejetant inanimée sur le parquet : arrière! Va! tu n'es qu'une infâme coquette!!! Mais en voyant cette jeune femme, tout à l'heure si fraîche, si brillante, lui criant merci en se roulant décolorée à ses pieds, un frisson de pitié traverse le cœur d'Alfred... Déjà sa main soulève cette tête, si belle encore avec sa pâleur, et, à deux genoux, il la soutient, cherchant à la rappeler à la vie.

Madame de Nelval rouvre enfin les yeux. Honteuse de se trouver dans les bras d'un homme, elle le repousse avec force, et se relevant : Sortez... fit-elle, sortez.... — Déjà, répond Alfred d'une voix douce et caressante... déjà te quitter, ma bien-aimée... Mais le bal n'est pas encore fini... Oh! restons encore, je suis si heureux ce soir; car tu m'aimes, n'est-ce pas? tu me l'as dit : répète, répète-le moi encore ce : oui, je vous aime.... Que tu es jolie ainsi... Cette légère parure te va si bien... Vois donc comme on nous regarde; ils sont jaloux de mon bonheur. Vois comme ce pauvre Gustave est triste, c'est qu'il t'aime aussi, lui; mais tu ne l'aimes pas, toi.... Allons, ma Léonie, viens, nous allons valser ensemble... Entends-tu l'orchestre; c'est cette valse que tu aimes tant... viens. Eh bien! que crains-tu? Pourquoi me refuser? Non, pas encore partir... il n'est pas tard. Les bougies ne jettent plus qu'une clarté mourante ! Attends, je vais les rallumer.... Et prompt comme sa pensée, Alfred saisit un flambeau qui se trouvait sur la table de toilette... L'éclair n'est pas plus prompt; une flamme rapide s'accroche en un instant aux légères draperies qui décoraient l'appartement, et dessine alentour, en pétillant, une auréole de feu... Madame de Nelval s'est précipitée vers la porte en jetant un cri perçant. Un bras nerveux la ramène... Oh! ne me fuis pas, Léonie! Entends-tu, ma bien-aimée, cette valse délicieuse... Viens que je sente encore sur mon bras frémir ta frêle taille.... Je veux sentir tes cheveux effleurer mon visage... je veux respirer ton haleine, m'enivrer de tes regards si doux... Et avec cette force, cette énergie surnaturelles que donne la fièvre, il la saisit, l'entraîne, et la fait tournoyer sous l'étreinte frénétique d'un bras de fou.... Oh! c'était horrible à voir, que cet homme à l'œil égaré, dont la bouche grimaçait un sourire, emportant dans ses bras cette jeune femme chargée de fleurs et de gaze au milieu de la flamme, qui menaçait à chaque moment de s'accrocher à ses légers vêtemens, sans force, sans mouvemens à elle, dont la tête s'était affaissée, livide, sur l'épaule de son danseur infatigable ; tous deux roulant et tournoyant dans une valse infernale, ayant pour orchestre les craquemens de la boiserie du pavillon en feu, et pour bougies la lueur frémissante de l'incendie toujours croissant.

Oh! toujours... toujours, ma bien aimée, murmure Alfred.... ne crains rien, laisse-moi te guider.... Et, croyant sans doute passer dans un autre appartement, le malheureux entraîne la jeune femme presqu'évanouie, et franchit, en valsant toujours, le balcon entr'ouvert... Ils restent un instant suspendus sur l'abîme... Léonie jette un cri... On accourt.... mais plus rien, qu'un bruit sourd au pied du balcon.. et, à la clarté de l'incendie, on put voir un cercle immense se dessiner sur l'eau, légèrement agitée, puis le cercle se rétrécir et se refermer sur une robe blanche, qui flottait à la surface...

VII.

On parvint à sauver Léonie... Elle respirait encore lorsqu'on la retira, inanimée, et attachée à un froid cadavre, qui avait appartenu, comme on le sut par quelques papiers qu'on trouva, à Alfred Bonneval, qui avait vécu.... trente ans!!!

Madame de Nelval fut malade.... huit jours.... On ne sait trop si ce ne fut pas de regret de n'avoir pu aller ce soir-là au bal.... Chacun commenta à sa manière cette horrible catastrophe... Pendant un mois, ce fut l'entretien de la ville; puis, on n'y songea plus.... Et comme elle se vit recherchée dans le monde avec le même empressement..... elle était riche..... madame de Nelval sembla bientôt l'avoir elle-même totalement oubliée.

VIII.

Depuis son retour, Gustave s'est trouvé plusieurs fois avec madame de Nelval, et la coquette, pensant qu'il ignorait la catastrophe qui avait occasioné la fin tragique de son ami, avait essayé de reprendre l'empire qu'elle avait jadis eu sur son cœur. Elle n'avait plus ses dix-neuf ans, et, quoique sa glace lui dît chaque matin qu'elle était aussi jolie, elle commençait à penser que M. Gustave Teligny pourrait faire un mari sortable.... D'ailleurs, il était jeune, riche, joli garçon, et elle se résignait, sans trop se plaindre, à l'idée d'enchaîner une seconde fois sa liberté.... Aussi, il n'est pas de ruses d'une coquetterie féminine qu'elle ne mît en jeu.... Bientôt, tout en voulant se faire aimer, l'amour avait pris sa revanche, et, ô bizarrerie! cette jeune femme avait fini par aimer véritablement et de bonne foi!.... Ce qui acheva de développer ce sentiment nouveau qu'elle éprouvait pour Gustave, ce fut la conduite de ce jeune homme pendant une cruelle fluxion de poitrine qu'eut à souffrir madame de Nelval, et qu'une imprudence, en revenant d'un bal, avait occasionée..... Son père, tremblant pour les jours de sa fille unique, de sa Léonie, que tous les médecins abandonnaient déjà à la mort, plus forte que leur science, s'était adressé à Gustave Teligny, dont on vantait le talent, maintenant qu'il était riche, en le suppliant de lui rendre sa fille, sa fille bien-aimée... Gustave n'hésita point à venir disputer à la mort ce corps charmant, devenu presque cadavre. Jour et nuit au chevet de la moribonde, il finit par dompter le mal opiniâtre.... Bientôt madame de Nelval entra en convalescence... Ses joues reprirent insensiblement ce léger incarnat qu'elles avaient perdu. Mais, hélas! le corps seul se rétablissait.. En voyant les soins assidus, empressés, que le jeune médecin lui avait prodigués, son cœur, qui s'agitait pour la première fois dans sa poitrine de femme, s'était laissé aller, avec abandon et sans calcul, au sentiment inconnu jusqu'alors pour elle, et qui lui découvrait un monde tout nouveau, de nouvelles sensations.....

Gustave semblait, par sa conduite, légitimer cet amour, en paraissant le partager... Ce n'était qu'auprès de l'aimable veuve qu'il déposait cette tristesse indéfinissable, qui séjournait habituellement sur sa physionomie... Cependant parfois elle s'étonnait de sa réserve... Lui jadis si expansif, si communicatif,... pas un mot d'amour... Et bientôt, lorsqu'elle fut entièrement rétablie, le jeune docteur éloigna ses visites, mais toujours en conservant avec madame de Nelval des relations d'amitié et de politesse.

Il n'en fallut pas tant pour bouleverser le cœur de la pauvre Léonie... Ce n'étaient plus les distractions d'un bal qu'il lui fallait, c'était l'amour de Gustave.... l'aveu de cet amour, qu'il s'était plu à éluder.... Mille projets passaient et repassaient dans son cerveau agité... Enfin, on la vit tout-à-coup reparaître dans le monde, plus fraîche et plus brillante que jamais, et plus que jamais l'objet des hommages de ses anciens amans, que son intimité avec le jeune médecin commençait déjà à désespérer.

IX.

Le carnaval était venu avec ses joyeuses folies. C'était dans les salons de M. Delrieux, père de Léonie, que se réunissait ce jour-là l'élite de la société... La jeune femme compte sur cette soirée pour enlacer Gustave dans un cercle magique, dont il ne pourra sortir sans expliquer son étrange conduite.... Plus d'une fois, elle avait saisi l'expression du regard de celui qu'elle aimait, expression sombre et menaçante. Lorsqu'elle feignait, folâtre et rieuse, de s'abandonner, comme autrefois, à son goût passionné pour la danse, quel bonheur pour elle de pouvoir dissiper les nuages qui erraient sur son front, par ces quelques mots, qu'elle dirait avec tant de bonheur : « Vilain jaloux.... c'est vous » seul que j'aime!....» Aussi était-elle, ce soir-là, rayonnante de beauté et d'espoir.. Femme qui veut plaire est toujours si jolie!...

On avait dansé déjà plusieurs quadrilles,.... et Gustave n'était pas encore apparu... Enfin, madame de Nelval l'aperçoit dans un angle de l'appartement, rêveur et distrait, froissant un papier entre ses mains.... Inquiète et heureuse de saisir un prétexte, elle s'approche de lui pour l'en-

gager à choisir une danseuse. — « Qu'avez-
» vous donc, monsieur Gustave, lui dit-elle
» d'une voix émue et caressante? Pourquoi
» ne dansez-vous pas? » — « Plus tard, Ma-
» dame, répondit-il en s'inclinant, et ce sera
» avec vous, si toutefois vos nombreux en-
» gagemens vous le permettent..... » La
voix vibrante de l'orchestre couvre la réponse de la jeune femme ; mais l'expression de son sourire parle éloquemment
pour elle.... Madame de Nelval, joyeuse du
succès de sa première attaque, se laisse en-
traîner par un jeune élégant, et bientôt les
capricieuses notes de Tolbèque finissent par
distraire son attention, concentrée sur Gustave... Lui, silencieux, a été se placer de
manière à ne pas être vu de madame de Nelval, sans perdre aucun de ses mouvemens.
— On voyait sur son front plissé qu'une
lutte pénible avait lieu dans son cœur... Il

sourit tout à coup, car il vient d'apercevoir Léonie, folle et rieuse aux propos, sans doute flatteurs, de son partner.... Il sourit; mais son sourire a quelque chose de celui d'un damné;... et de ses yeux, à moitié cachés sous leurs sourcils froncés, s'échappe comme une lueur satanique, qui semble brûler le billet qu'il déploie entre sesdoigts... Ah! si madame de Nelval avait tourné son regard sur lui en ce moment, elle eût tressailli.... elle eût eu peur de son œil étincelant... Mais ce ne fut qu'un éclair... Plus calme, il s'approche bientôt de Léonie, et la conduit au milieu d'un quadrille... — « Toujours triste, lui dit
» la jeune femme en lui donnant la main?
» — Il est vrai, répond Gustave,... il y a
» de ces souvenirs qu'on voudrait en vain
» effacer. — Dites, reprend Léonie, qu'il en
» est qui glissent, bien fugitifs, sur la vie

» d'un homme... Vous avez des chagrins,
» et vous me les cachez... — Moi des cha-
« grins, Madame? Vous vous trompez. —
» Il est des pressentimens qui ne trompent
» jamais, dit-elle en le regardant avec des
» yeux humides d'amour... Oui, vous n'ê-
» tes pas heureux... Il est un secret qui
» vous oppresse... Oh! dites-le-moi, Gus-
» tave; confiez-moi vos peines : ne vous
» dois-je pas la vie?... ne suis-je pas
» votre amie, votre meilleure amie? —
» Oui, vous apprendrez tout, dit le jeune
» homme en l'interrompant; car aussi bien
» je ne puis plus vivre ainsi, et toutes mes
» résolutions s'évanouiraient.... vous le
» saurez ce fatal secret qui brûle ma poi-
» trine..... Léonie, ne m'en voulez pas...
» je suis plus à plaindre qu'à blâmer.....
» Madame, c'est vous qui l'aurez voulu...
» J'aurai tenu mon serment, Léonie; et

» vous?... Vous souvient-il... il y a cinq
» ans.... à ce bal..... »

Mais le dernier accord de l'orchestre interrompt cette confidence... Gustave, en reconduisant madame de Nelval à sa place, n'a le temps que de lui glisser un billet dans la main.

Comme le cœur de la jeune femme palpite en retournant entre ses doigts ce papier qui doit renfermer tout son bonheur; cet aveu sans doute si désiré... Le bal n'était pas encore fini, que déjà elle était dans sa chambre, tremblante d'émotion en brisant, plutôt que n'ouvrant, le papier mystérieux... Elle tombe bientôt sans connaissance, après avoir lu ce peu de mots :

« *M. Gustave Teligny, docteur en mé-*
» *decine de la Faculté de Paris, a l'hon-*

» neur de vous faire part de son mariage
» avec mademoiselle Nelly DELÉPINE,
» de Saint-Denis (île Bourbon), fille de
» M. Delépine, propriétaire, demeurant
» à Saint-Malo.

» Vous êtes priés d'en faire part à votre
» famille.

» *Sans visites.* »

X.

Six mois après, madame de Nelval était dévote!...

Elle avait à peine vingt-quatre ans!

EDWARD'S.

Les Calvériennes de Carhaix.

Les Industries de Saujoir

LES CALVERIENNES

DE CARHAIX.

Bien des gens croiront, toute leur vie, connaître la révolution française, parce que l'histoire de la commune de Paris, celle des assemblées législatives, ou des comités conventionnels, leur aura passé par les mains. — Il en est de ces gens comme de ces bons Parisiens, fort sagaces d'ailleurs, qui, après avoir lu les séances de la chambre dans les *Débats* ou le *Constitutionnel*, et avoir pris leur café le matin, en pointant la cote des fonds publics, se figurent que tout est pour le mieux dans le reste de la France. — Ces gens-là, par exemple, n'ont jamais cru sérieusement aux chouans, pas plus en 1792 qu'en 1832; et s'ils ont vu quelques récits de mort dans les extraits de la Vendée, ils ont pensé, de deux choses l'une, ou que ces récits étaient une manœuvre intéressée des partis, ou si le fait était exact, qu'il suffisait d'envoyer quelques hommes, un beau régiment de la garnison de Paris, pour écraser l'hydre dès sa première apparition. Avec cette foi et ces robustss croyances de leur quiétisme parfumé, ces mêmes hommes n'ont jamais pu savoir, évidemment, ce qui avait été sur le lieu même, dans le cercle retréci d'une petite localité, le fait révolutionnaire, tel qu'il se dessine à l'époque dont nous nous occupons, entre des hommes, des familles, des amis, des parens, qui, nés porte à porte, s'appelant de leurs noms tous les jours, se mêlaient aussi tous les jours aux mêmes faits, aux mêmes choses; ayant les mêmes idées depuis leur enfance, les mêmes haines ou les mêmes goûts, de génération en génération, sans que l'ordre stable et réglé des événemens ait jamais apporté un changement sérieux à leur position respective. Mais qu'on conçoive des lois qui disent à celui-ci que ses titres et ses croyances de famille sont un jouet; à celui-là, qu'il n'est rien de plus que l'artisan, dont la famille a toujours vécu de de ses largesses; à cet autre, qui commanda toute sa vie, qu'il doit respect et obéissance au municipal que le suffrage populaire est venu tirer de son échoppe; qu'on suive le jeu de ces autres lois, non moins précises et encore plus redoutables, qui disent à celui-ci que ses superfluités sont acquises à la patrie; que ses chevaux ne sont plus à lui; que ses fermiers ne lui doivent plus obéissance; que ces maisons, où il a puisé les principes religieux qu'il professe, sont destinées à des casernes, et que les misérables qui y prient Dieu peuvent prendre les champs; que d'autres lois ensuite, plus directes, plus résolues, conduisent celui-ci à régler une saisie, cet autre à faire un inventaire, ce troisième à une mise en vente; que les mêmes lois attribuent aux mêmes hommes l'assiette de l'impôt, sa répartition, et la formation de ses rôles; qu'elles leur attribuent, à la fois, et les levées d'homme, et les levées de deniers, avec les réquisitions d'urgence et les certificats de civisme; que tous ces faits, dis-je, soient posés entre des hommes qui se connurent de tout temps, entre des hommes et des familles qui eurent les mêmes intérêts ou des vues d'antogonisme incessant. — Qu'au milieu de cela, et par la pensée, on se figure l'entraînement que les nouveaux principes posés jetèrent dans le cœur des uns, la haine et la résistance qu'ils décidèrent dans le cœur des autres : et l'on comprendra quel caractère privé et exceptionnel va prendre la révolution française dans cette ancienne province de Bretagne-Armorique, où l'impatience du tiers était d'autant plus grande, que la force des traditions était vive et tenace chez les classes privilégiées et dans les masses.

L'année 1791 s'était terminée par une

loi d'amnistie sans application du moins réelle; et des prêtres avaient été décrétés et saisis, en même temps que des levées d'hommes furent faites pour repousser l'étranger, et contenir au dedans les partisans de l'émigration. Ces faits et cette position durent amener de nouvelles mesures. On avait menacé les nobles émigrés d'une contribution double et triple, s'ils ne rentraient : n'étant point rentrés, on décréta la saisie de leurs biens. Quant aux prêtres insermentés, moins disposés que jamais à transiger avec leur conscience, appuyés qu'ils se sentaient par les masses, ou ils émigrèrent, ou, restant dans leurs anciennes paroisses, ils se résolurent à la résistance matérielle et de fait.

Quant à la position du pays, vis-à-vis de l'étranger, c'était la guerre, une guerre d'acharnement, une guerre de principe. On conçoit que, jeté dans une telle crise, Louis xvi et ses ministres n'offrirent pas plus de garantie aux habitans des départemens qu'à ceux de Paris, et que là comme ici, chaque institution, chaque corps administratif, chaque homme, faisant effort pour se sauver, soi, ses principes et le pays, se résolut à l'action, et y procéda à sa manière.

Le département du Finistère, comprenant sa position et celle du pays, n'attendit point les décrets de l'Assemblée pour faire détenir les prêtres insermentés. Ce fut dans ce même esprit qu'il prit, au mois de novembre 1791, un arrêté portant obligation à toutes les maisons conventuelles de se constituer, d'après le vœu de la loi, dans le courant du mois de janvier 1792, sous peine d'être fermées immédiatement.

Or, rien n'est curieux et touchant, à la fois, comme cette lutte d'un nouveau genre, entre des femmes timides et des hommes armés des foudres révolutionnaires.

Depuis plusieurs mois, les visites près de ces pauvres recluses s'étaient multipliées outre mesure. Un jour, les officiers municipaux, pour un inventaire des ornemens et des vases sacrés; un jour, les commissaires du district, pour un recensement, dans les greniers, des rentes en blé qu'elles avaient reçues; un autre jour, les commissaires du département, pour un inventaire général du mobilier, pour une reddition de compte, ou bien pour une démarche particulière près de chacune des religieuses, avec demande de ses intentions sur le renoncement à ses vœux ou leur maintien. Ainsi furent franchis de toutes parts les murs du cloître, et il n'était recluse ou professe, si timide et si jeune qu'elle fût, dont le voile n'eût été levé plusieurs fois, et dont le nom n'eût été inscrit sur l'agenda municipal, avec les désignations mystiques de sa maison, telles que *Notre-Dame-des-Anges, Sainte-Marie-Céleste, ou Marie-Madelaine, Angélique, etc.*

Mais ne croyez pas que si la tourrière, à toute sommation municipale, ouvrit les portes du cloître, ne croyez pas, dis-je, que ces femmes, qui cachaient leur énergie sous un voile, fussent vaincues ou soumises. Plusieurs, sans doute, decensdues au fond de leur cœur, y avaient trouvé un sentiment mal éteint, ou peut-être seulement comprimé, qui leur faisait entrevoir, sans trop d'inquiétude, le jour où les portes de leurs maisons s'ouvriraient; mais, avec ce sentiment, il y avait l'honneur de leur habit, et la volonté ferme et tenace de l'esprit de corps, qui donnaient à leur résolution quelque chose de mâle et d'aventureux, qui se colorait de je ne sais quelle teinte de martyr, assez séduisante pour des cœurs de femmes. Elles résistaient donc, priaient Dieu, se complaisaient dans de saintes dévotions, et restaient calmes, attendant la volonté du Ciel. — Pauvres filles! et elles avaient des prêtres, des aumôniers, des religieux comme elles, qui, déjà soumis ou dispersés, couvaient dans leur cœur une arrière-pensée de troubles et de résistance. Une fois, c'était un sermon qui les reportait dans la Thébaïde ou dans les premiers âges du christianisme; une autre fois, une conférence à huis-clos, toutes portes fermées, et bien mystérieuse, à laquelle on procédait par le divin sacrifice du maître. Et il entrait dans tous les cœurs de l'énergie et de l'impatience qui allait au-devant du danger. C'était aussi, dans d'autres momens, comme à Lesneven, comme à Saint-Pol, comme à Carhaix, la masse entière de la population qui se pressait à leur porte pour leur dire qu'on les aimait, que les malheureux se souvenaient de leurs bienfaits, et que le peuple avait ses prières, comme les volontaires nationaux et les municipaux pouvaient avoir leurs menaces et leurs rigueurs.

L'administration départementale ne

pouvait plus cependant fermer les yeux sur ce qui se passait dans ces maisons. Une lettre de l'évêque *de la Marche*, datée de Salisbury, et adressée aux calvériennes de Carhaix, ayant été surprise, ne laissa plus de doute sur les projets contre-révolutionnaires du parti prêtre. D'une autre part, l'administration faible et craintive du district de Carhaix, venait de décider, à la date du 22 mars 1792, que la maison des calvériennes, occupée en ce moment par plus de soixante personnes venues des autres maisons supprimées, était, par cela même, et comme refuge à l'innocence, un fait du plus haut intérêt pour les habitans du district, et qu'il y avait lieu, en conséquence, à laisser sans application les dispositions de l'arrêté du département sur leur constitution définitive. Cela par deux raisons : 1º arce que les habitans du district profitaient du bénéfice de leur consommation ; 2° parce que le vaste bâtiment des calvériennes ne pourrait pas se vendre, et que leur maison serait un bon refuge pour les veuves et les orphelins.

On conçoit toutefois que ces raisons ne touchèrent pas puissamment l'administration départementale. Des ordres furent donc transmis ou pris simultanément par les districts et les municipalités, tant contre les religieuses de Carhaix, que contre toutes celles, en très grand nombre, de Quimper, de Landerneau, de Pont-Croix, de Saint-Pol, qui n'avaient point satisfait aux prescriptions de l'arrêté du 26 novembre 1791, en se constituant, par la nomination d'une supérieure et d'une économe, chargées de représenter leur maison près de l'administration.

Plusieurs directoires de district prirent donc des arrêtés coercitifs, et nous en avons un sous les yeux qui porte obligation aux ursulines de Landerneau de sortir dans trois jours, sous peine d'être contraintes par toutes les voies de droit. —Les pauvres filles sortirent emportant leur trousseau...

Mais d'autres furent moins résignées; et je compterai sept à huit visites, tant du procureur syndic du district de Carhaix que de l'administration municipale de cette même ville, près des calvériennes, qui n'aboutirent à rien, et qui furent sans puissance sur huit ou dix femmes voilées, qui, pour toute réponse, dirent qu'elles ne sortiraient point, et qu'elles s'attacheraient aux grilles de leur parloir.

Comment faire ? Grand fut l'embarras;

car le peuple de Carhaix, ce peuple des montagnes et des landes sauvages de la vieille Cornouaille, se pressait en guenilles aux portes de la maison religieuse, et une longue file d'habitués tenant la jatte de bois dans laquelle ils recevaient des distributions de soupe, ne quittaient point le porche et les avenues de la maison. C'était un saint et terrible cri de misère et de pitié intéressée; à chaque fois que l'officier municipal ou le commissaire du district, revêtu de son écharpe aux trois couleurs, s'était présenté, la foule s'était divisée pour lui donner passage; mais une sombre inquiétude se peignait sur ces visages hâves et défaits : ils étaient à la fois menaçans et supplians; ils faisaient peur.

Cependant les délais s'écoulaient, et la dernière heure de réflexion avait sonné sans que le district et les municipaux se présentassent. Prévenue à l'avance, toute la ville, dès les premières heures du jour, s'était portée aux portes du couvent. Vive et criarde était la voix des gens en guenilles, et des bras s'allongeaient du milieu de cette foule, vers une sœur converse, qui distribuait une dernière fois le bouillon que la supérieure avait fait étendre plus que de coutume, quand trois charrettes de réquisition, conduites par des grenadiers coloniaux du régiment du Port-au-Prince, alors en garnison à Carhaix, se présentèrent sous la direction de deux officiers municipaux et du procureur-syndic du district. Une compagnie entière de ces mêmes grenadiers accompagnait le convoi, et elle eut bientôt pris position aux avenues du couvent. Les municipaux et le procureur-syndic entrèrent.

— Que voulez-vous? dit la sœur converse, à qui la leçon était faite. — Votre supérieure, où est-elle? — En prière, probablement; et elle détacha de sa ceinture une clef qui lui donna l'entrée de l'intérieur.

Quelques instans se passèrent et les officiers municipaux, promenant dans le parloir, perdaient déjà patience, quand une petite femme, vêtue d'une longue robe noire avec un beverlet d'un blanc éclatant, ayant un chapelet monté en cuivre à la ceinture, se présenta, avec simplicité et sans affectation. — Je vous demande pardon, Messieurs, de m'être fait attendre; mais je donnais à l'infirmerie des soins à l'une de mes sœurs : j'ai voulu achever de la panser. Qu'y-a-t-il pour votre service, je vous prie? — Madame reprit le procureur-syndic, vous connaissez l'arrêté du département, et il vous a été notifié en son temps : vous n'y avez point déféré. — C'est vrai. — Vous connaissez l'ordre qu'il porte d'évacuer immédiatement votre maison. Quelles sont aujourd'hui vos intentions, car les délais sont épuisés? Parlez. — Mes intentions sont ce qu'elles ont toujours été; de mourir ici, si Dieu m'en accorde la grâce. — Madame, il faut que vous sortiez aujourd'hui; ne nous obligez pas à des mesures de violence..... — Ah! Messieurs, vous en êtes les maîtres, car nous sommes de pauvres brebis; mais nous avons fait vœu de rester consacrées au Seigneur. Lui seul peut nous délivrer de nos engagemens : sa volonté soit faite.....

Mais l'un des officiers municipaux s'était

déjà fortement saisi des barreaux en bois
de la grille, et quelques grenadiers y ayant
prêté la main, il n'y eut plus de barrière
entre les agens de la loi révolutionnaire
et les filles, qui, en mémoire du Christ,
s'étaient consacrées au souvenir du Calvaire. Prosternée la face à terre, la supérieure fut en un instant entourée de ses
sœurs, et elles entonnèrent un *miserere
Deï*, au moment où le procureur-syndic,
les officiers municipaux et les grenadiers
franchissaient les débris tombés sous leurs
coups..... Vainement les officiers municipaux et le procureur-syndic vinrent-ils,
à plusieurs reprises, inviter ces dames à
monter à leurs cellules, afin de mettre à
part ce qui leur appartenait personnellement : ces prières et ces ordres furent
inutiles. Les lits, les vêtemens, les meubles, les livres de prières et tout ce qui

avait appartenu à ces filles, fut donc emballé, jeté pêle-mêle dans des draps et des couvertures, que des grenadiers disposèrent hâtivement sur les charrettes qui se tenaient à la porte du couvent, et quand de longues heures de recherches se furent écoulées, quand la nuit eut abaissé ses ombres, trois charriots, attelés de bœufs et recouverts de longs rideaux à carreaux bleus et rouges, se dirigèrent, entre deux haies d'hommes armés, vers l'hôtel de la Commune, où tous les effets saisis furent déposés, après inventaire. Plus de cloître, plus de tourrière, plus de religieuses, de nonnes ou de professes..... à chaque porte un factionnaire, et, dans les longs corridors de la maison conventuelle un agent de la municipalité, qui va essayant ses clefs à la porte de toutes les cellules.

A quelques mois de là, jetées elles-mêmes sur des charrettes de réquisition, comme les meubles de leur maison, elles faisaient route vers le chef-lieu du département, et des gens d'armes, qui leur faisaient escorte, prirent à Quimper récépissé de leur dépôt à la maison d'arrêt. D'ailleurs, si quelques-uns de leurs meubles restèrent entassés quelque temps encore dans les couloirs de leurs maisons, les dernières mesures exigées pour leur mise à prix ne furent pas longues, et là où l'on avait vu des femmes voilées, des frères quêteurs, des cénobites, des mendians et des religieux de tous ordres, on vit des soldats et leurs armes, des cantinières, des patriotes et des enrôlés, qui ne parlèrent plus que de guerre, de chouans, d'aristocrates et de salut public.

On se tromperait, toutefois, si l'on pensait que ces mesures de rigueur furent prises de gaieté de cœur : nous avons sous les yeux un arrêté du département, en date du 26 janvier 1792, qui tend à rechercher quels peuvent être les besoins des religieuses sorties de leurs maisons, et qui va jusqu'à s'occuper de leur entretien, de leurs frais de route et de tout ce qui leur est personnel, dans le but d'adoucir leur position et de les rendre à leurs familles.

. . . .
. . . .

Mais que devinrent ces filles quand le souffle de la terreur se fut plus tard élevé? C'est ce que j'ignore. Il est à croire cependant qu'elles ne cédèrent ni aux arrêtés de Le Carpentier, ni à ceux de Prieur de la Marne, sur le serment à exiger des anciennes religieuses. J'ai du moins quelque raisons de le croire, et la lettre ci-après, retrouvée dans les papiers du représentant Guezno, porteur de l'acte d'amnistie que la Convention accorda aux rebelles de la Bretagne en l'an 3, le donne à penser.

Citoyen représentant,

La petite d'Arg... ose vous présenter sa petition : vous êtes le père des orphelins; je suis orpheline : ainsi vous êtes le mien; voyez mes larmes et en ayez pitié. Je n'ai garde d'excuser l'émigration de ma mère, si elle l'est; mais son motif de s'éloigner de moi, c'est que nous n'avions pas assez de pain pour deux, et elle n'a pas voulu que j'en manquasse. Ses sollicitudes ont été vaines, et le séquestre a été mis partout, jusque sur la chambre où couchait ma vieille tante, l'ancienne supérieure des Calvériennes de Carhaix.

Mais tout ceci n'est rien, et il me faudrait des larmes de sang pour peindre ma douleur, lorsque je vis enlever par des fusiliers ma pauvre tante religieuse; en vain je fis retentir les campagnes de mes cris; en vain je m'efforçai de la rejoindre pour lui donner un assignat de cinquante sols, qui était la fortune de mon portefeuille. Il y a six mois qu'elle est en arrestation, et j'apprendrai en peu sa mort, car ses infirmités sont grandes, et je ne puis rien pour elle, moi qui fus obligée de venir à pied à Vannes, où je reçois du pain par charité.

Votre arrivée ici sera le plus beau jour dé ma vie..

Marie-Hyacinthe d'Arg...

Vannes, 6 frimaire an 3 de la République française.

(Histoire de la Révolution dans les départemens de l'ancienne Bretagne, par A. Duchatellier.)

La Nuit du Bal.

LA NUIT DU BAL.

Conte.

Vous n'êtes pas arrivé à l'âge de trente ans, sans avoir entendu dire que la curiosité était le plus grand défaut des femmes. Et vraiment, comment passerait-on la vie, si longue et quelquefois si ennuyeuse, entre un mari qui gronde et un enfant qui crie, s'il était interdit de jeter à la dérobée un regard sur les affaires de son voisin, celles de sa femme, de sa fille et de sa servante? Je ne suis pas un grand ennemi de la curiosité. Que serions-nous sans elle, je vous prie? Qu'aurions-nous fait sans cette soif ardente d'apprendre et de connaître, qui tourmente quelques-uns d'entre nous au profit de tous? On n'eût jamais découvert ni le Nouveau-Monde, ni les méringues; et nous mangerions encore du gland, comme les anciens habitans de la Chaonie. Je veux croire que de bons glands sont bons; mais je leur préfère le chocolat et la fève de Moka, par exemple. Et à propos de café, savez-vous que c'est à la curiosité que nous sommes redevables de cette délicieuse liqueur, proscrite, je ne sais trop pourquoi, par Mahomet et madame de Sévigné? Des moines arabes avaient remarqué qu'après avoir mangé des baies du cafier, leurs chèvres étaient d'une pétulance et d'une gaîté extraordinaires. Or, vous sentez qu'il est triste d'être moine, et qu'un capucin, par exemple, aurait encore bien des momens d'ennui, vît-il danser les chèvres tout le jour. Les moines firent donc ce raisonnement : puisque les baies du cafier font danser les chèvres, c'est qu'il y a en elles quelque chose qui porte à la gaîté. C'était précisément comme M Argant :

> Quare opium facit dormire?
> — Quia est in eo virtus dormitiva,
> Cujus est effectus sensus assoupire.

Et les moines essayèrent des baies du cafier. Prendriez-vous du café, si les moines de l'Arabie n'avaient pas été curieux? voudriez-vous qu'ils ne l'eussent pas été? Convenez-en, c'est une bonne chose que la curiosite. En cela comme en tout le reste, il n'y a que l'excès qu'il faille éviter.

L'abbé Emmanuel avait toujours été curieux, et, quoiqu'il ne convînt pas à un homme de sa robe et de son caractère de le paraître, quoiqu'il s'observât avec tout le soin d'une jeune fille qui reçoit, en présence de sa mère, les visites du prétendant qui la recherche, dans mainte occasion ce défaut s'était trahi. Fils d'un pauvre artisan, élevé par charité, il était passé des bancs poudreux du séminaire, dans le château du comte de Chefdeville, où il exerçait les fonctions d'aumônier. C'était un excellent homme, bon, humain, compatissant, tolérant même; il se faisait aimer de tous ceux avec lesquels il vivait. S'il était profondément ignorant, on ne pouvait pas lui en vouloir, car il avait suivi pendant dix ans les cours du collége; il avait, pendant trois ans, étudié la théologie, lu saint Jérôme et saint Augustin; et même il s'occupait d'un commentaire des œuvres de Thomas à Kempis. Il savait donc au fond beaucoup de choses : était-ce sa faute si toutes ces choses ne pouvaient servir à rien? Comme vous et comme moi, il n'avait pas rapporté du collége une connaissance assez approfondie du grec et du latin, pour se plaire à la lecture des classiques. Il entendait un peu mieux saint Augustin; mais il ne pouvait pas toujours le comprendre. Quant à saint Jérôme, il s'étonnait que ce père de l'Eglise eût vu, dans sa jeunesse, manger, dans les Gaules, qui cependant alors n'étaient point barbares, des fesses de petits garçons. Il le croyait toutefois, parce que saint Jérôme le dit. Il croyait également que saint Augustin avait vu en Afrique des races d'hommes qui n'avaient qu'un œil au milieu du front, d'autres qui n'avaient qu'une jambe; et il disait souvent que le monde était bien changé, et qu'il était évident que tout dégénère. Mais ce qu'il aimait par dessus tout, c'était le grand Thomas à Kempis. Il le citait souvent, et sa plus douce occupation, quand il avait dit son bréviaire et fait sa sieste, était d'ajouter quelques lignes aux doctes commentaires qu'il préparait sur ses œuvres. Du reste, il aimait à se coucher tôt et à se lever tard. Il était joufflu, trappu, rouge comme une cerise de Montmorency, et relevait avec une grâce toute particulière la queue de sa soutane. Les femmes du château l'aimaient; les enfans l'aimaient; M. le comte l'aimait; tout le monde aimait l'abbé Emmanuel.

Mais il était curieux, et ce fut la cause de tous ses malheurs.

M. le comte de Chefdeville habitait un élégant château, situé à une demi-lieue de la petite ville de P.... Sa fortune, autrefois considérable, écornée par la révolution, mais que le milliard de l'indemnité avait arrondie de nouveau, lui permettait de tenir un grand état de maison, et il vivait chez lui d'une manière fort honorable. Or, il arriva qu'il y eut des élections à P..., et que M. le comte de Chefdeville se mit sur les rangs pour la députation. Il avait tout ce qu'il fallait pour faire un excellent député sous la charte octroyée. Il parlait peu, lisait régulièrement la *Quotidienne* et l'*Ami de la Religion*, payait quatre mille sept cent quatre-vingt-trois francs soixante-treize centimes de contributions directes, et jouissait d'un bon appétit et d'un excellent estomac. Il y eut bien un avocat renommé pour son savoir et sa probité, homme de tête et de conscience, qui se mit aussi sur les rangs, et osa disputer la députation à M. le comte. L'avocat eut pour lui les épiciers et les jeunes gens, qui n'étaient pas électeurs; mais le sous-préfet, le procureur du roi, le receveur des finances, le directeur des contributions indirectes, les maires, les marguilliers, les huissiers, le commissaire de police, les gendarmes, toutes les autorités constituées et les autres, et tout ce qui, de près ou de loin, tenait à quelque chose, désirait ou craignait quelque chose, appuya la candidature de M. le comte, et l'avocat fut battu, comme il devait l'être. La joie fût grande à la sous-préfecture, au château de Chefdeville, et dans la rue de Grenelle. On y fit d'excellentes plaisanteries sur les avocats et sur les épiciers; car on avait beaucoup d'esprit sous la restauration; mais tout dégénère. M. le comte de Chefdeville donna un grand dîner, auquel il pria noblement l'adversaire qu'il avait vaincu; mais celui-ci refusa. Le sous-préfet donna un dîner, le receveur des finances donna un dîner, et la ville, c'est-à-dire le maire nommé par le roi, donna un grand bal. Il y eut des sérénades et des illuminations, et l'on cassa, comme de raison, les vîtres de ceux qui ne mirent point de lampions à leurs fenêtres.

Le jour du bal était arrivé. Le buffet sur-tout faisait plaisir à voir : les oranges empilées, les méringues laissant échapper de leurs flancs entr'ouverts des flots de crême à la chantilly ; les jambons de

Bayonne, qu'une main habile avait découpés en longs rubans nuancés de blanc et de rose; les truffes dont le parfum délicat se faisait jour à travers la croute dorée des pâtés de Strasbourg; le punch avec ses flammes ondoyantes réfléchissant les couleurs de l'iris; les fruits les plus rares, les conserves exquises, les dragées brillantes comme des pierres précieuses, embaumaient l'air qu'on respirait, et présentaient aux yeux un spectacle enchanteur. Il n'y avait qu'un homme attaqué d'une impitoyable gastrite qu'un pareil spectacle pouvait trouver froid et laisser mécontent.

Vous ai-je dit que le comte de Chefdeville était veuf? Agé déjà lorsqu'il perdit sa femme, il n'avait pas cru devoir se remarier. Sa famille se composait du vicomte

Oscar et de mademoiselle Atala, seuls enfans qu'il avait eus de son mariage. Oscar, plus âgé que sa sœur de quelques années, servait dans les gardes-du-corps, et ne venait que rarement chez son père. Mademoiselle Atala, récemment sortie de pension, était fraîche comme une rose, et belle comme l'héritière d'un homme qui a cinquante mille livres de rente. Son nom disait son âge : elle était née à l'époque où parut le roman de M. de Châteaubrillant, dont l'héroïne lui avait valu le prénom assez peut chrétien et nullement français qu'elle portait. Quant à son frère, le vicomte Oscar, il était évident qu'il était contemporain de l'importation en France des poétiques élucubrations de l'écossais Mac-Pherson. Mademoiselle Atala n'avait du reste rien de commun que le nom avec sa patronne. Elle était vive, enjouée, légère et fort peu sentimentale. Elle aimait la danse avec passion, se souciant peu qu'on la trouvât jolie, pourvu qu'elle s'amusât. C'était une aimable enfant, pour qui le présent était tout, l'avenir rien encore. N'aimant du bal que son bruit, son mouvement, ses parfums et ses mille bougies, il lui était fort indifférent avec qui danser, pourvu qu'elle dansât. On assure même qu'elle ne faisait aucune différence entre le frac noir et l'habit bleu orné de sa séduisante épaulette d'or.

Elle reçut la nouvelle du bal que donnait la ville de P*** avec une joie naïve; et comme la première personne qu'elle rencontra fut l'abbé Emmanuel, elle lui sauta au cou en s'écriant : Oh ! mon cher abbé, il y aura demain un bal à P*** — un grand

bal — un bal en l'honneur de mon papa;
et joyeuse elle s'éloigna en chantant et en
sautant.

— Diable! dit l'abbé Emmanuel, diable
d'invention faite pour perdre toutes les
filles d'Ève! Comment peut-on risquer
son salut pour un bal? et avec un léger
mouvement d'épaules presque impercep-
tible, après avoir regardé pendant quelques instans la course gracieuse de la
jeune fille, il alla méditer dans le parc du
château, sur un passage obscur de son auteur favori, qui l'embarrassait depuis une
quinzaine de jours. Il se promenait à pas
lents, sous les maronniers touffus du parc,
les mains croisées derrière le dos, la tête
penchée sur sa poitrine, dans l'attitude
d'un homme qui réfléchit profondément;
et il pensait au bal du lendemain. Il avait

beau faire pour chasser cette pensée importune, elle revenait malgré lui l'assaillir; et ce fut une demi-journée perdue pour le commentaire des œuvres de Thomas à Kempis. Il lui semblait qu'une voix murmurait sans cesse à son oreille. Il y aura demain un bal à P***.

— Au fait, dit-il, que m'importe qu'il y ait un bal à P***? Je n'ai jamais vu de bal, et je ne veux pas en voir. Je ferai ce que je dois, en disant ce soir à M. le comte ce que je pense des bals et de tous ces plaisirs mondains, inventés par le diable pour la perte de nos âmes. Que M. le comte aille ensuite au bal si bon lui semble ; qu'il y mène mademoiselle Atala : j'aurai fait mon devoir; le reste ne dépend pas de moi.

C'était assurément fort bien pensé. On

ne pouvait pas prendre un parti plus sage.
Mais la voix était toujours là, résonnant
à son oreille et répétant : Il y aura demain
un bal à P***. Il secouait la tête comme
un homme qu'inquiète le bourdonnement
d'une guêpe; mais la voix répétait toujours : Il y aura demain un bal à P***.
Cette pensée l'obséda tout le jour; elle le
poursuivit la nuit, et le tourmenta pendant son sommeil.

Lorsqu'il s'éveilla le lendemain matin,
ses idées reprirent naturellement le même
cours que la veille. Inquiet de cette espèce
d'obsession, sous le charme de laquelle il
se trouvait, il dit avec plus de ferveur que
jamais ses prières, et redoubla d'attention
en lisant son bréviaire, quoiqu'il fût renommé pour la scrupuleuse exactitude
avec laquelle il s'acquittait du devoir de

tous les jours. Il se trouva plus calme quand il eut achevé cette lecture, et se flatta d'avoir enfin triomphé de l'ennemi qui l'attaquait.

— Cette curiosité, disait-il en réfléchissant à ce qu'il avait éprouvé pendant vingt-quatre heures, ce trouble qu'ont excité en moi quelques paroles d'une jeune fille, prennent leur source dans l'éducation vicieuse que l'on nous donne au collége et dans nos séminaires. On nous séquestre avec soin du monde, comme si nous étions des êtres d'une espèce différente de celle des autres, ou que nous dussions habiter un autre Univers. On nous met à la hâte dans la tête quelques mots grecs et latins; on nous apprend à parler des langues que personne n'entend, et l'on néglige de nous apprendre celle que tout le monde parle Nous avons des yeux, et l'on nous défend de voir; des oreilles, et l'on ne nous permet pas d'entendre. La société au milieu de laquelle on nous jette, avec mission de la diriger, est pour nous un monde étranger, qui ne nous est même pas connu par les relations des voyageurs qui l'ont visité. Nous connaissons la Chine et l'Hindoustan aussi bien que les salons contre lesquels nous tonnons tous les jours. Sans doute il est bien de condamner ce qui se fait dans le monde; nous avons raison de nous élever contre ses fausses joies et ses plaisirs dangereux; mais encore serait-il bon de connaître ces joies, et de savoir en quoi consistent ces plaisirs que l'on frappe à tout hasard de réprobation. On n'en a pas moins raison pour savoir ce que l'on dit. Voyez, par exemple, dans quelle position embarrassante je me serais trouvé hier au soir, si, lorsque je m'élevai pendant le dîner contre les bals et la danse, M. le comte m'eût répondu : Mais, l'abbé, savez-vous ce que c'est qu'un bal? et si vous ne le savez pas, pourquoi parlez-vous de ce que vous ignorez? Voilà cependant la position fâcheuse dans laquelle j'aurais pu me trouver.

L'abbé Emmanuel poursuivit longtemps le cours de ses réflexions ; il pensa et se dit à lui-même une foule d'excellentes choses, et se promit bien de les faire entrer quelque part dans son commentaire. Il était encore tout occupé de ces idées fécondes, lorsque la cloche du dîner l'appela dans la salle à manger. Mademoiselle Atala y parut plus jolie que jamais. L'attente du plaisir avait attiré sur ses joues les plus brillantes couleurs ;

ses yeux étincelaient; ses longs cheveux noirs, emprisonnés dans de légères papillotes, ou tressés avec art, et dans lesquels jouaient des fleurs élégantes, premiers apprêts d'une toilette que son impatience ne lui avait pas permis de différer jusqu'au moment où il eût été raisonnable de la commencer; l'air de satisfaction répandu sur tous les traits du comte, à la vue du bonheur de sa fille, et peut-être un peu à la pensée secrète de son importance dans ce jour mémorable; tout ce parfum de bal qui s'exhalait autour de lui, émurent fortement l'abbé Emmanuel; et il se vit poursuivi de nouveau par cette fête, qui l'avait déjà tant tourmenté. Pressé de se retrouver seul, afin d'échapper à la torture morale qu'il éprouvait, il se hâta de dîner, et sortit sans prendre son café.

Le château du comte de Chefdeville occupait le sommet d'une colline, d'où la vue planait sur la ville de P*** et les fertiles campagnes qui l'entourent. Un parc largement dessiné s'étendait autour du château, et jusqu'aux premières maisons de la ville. De nombreuses avenues, bordées d'arbres séculaires, le sillonnaient en tous sens, tantôt descendant dans la plaine, tantôt s'élevant sur la colline, sur les flancs de laquelle elles tournaient avec grâce. Il était délicieux de s'y promener le soir, après la chaleur du jour, lorsque les rayons de la lune, glissant mollement à travers le feuillage des vieux chênes ou des maronniers fleuris, venaient tomber en masses tremblantes sur l'épais gazon qui croissait à leurs pieds. Jamais l'abbé Emmanuel n'y avait joui d'une plus belle soirée; jamais un vent plus frais, après un jour plus chaud, ne s'était joué dans les longues avenues du parc. De distance en distance, des jours ménagés avec art, lui laissaient apercevoir la ville de P***, brillante alors de lumières de mille couleurs. A de courts intervalles, une fusée s'élevait étincelante du balcon de l'Hôtel-de-Ville, fendait l'air, et disparaissait dans les nuages, en semant autour d'elle une pluie éblouissante d'étoiles d'or. Tout à coup le bruit d'une voiture roulant rapidement dans la principal avenue du parc, se fit entendre; elle approcha, passa près de l'abbé, et poursuivit sa route vers la ville. Il la suivit des yeux pendant quelques instans, et machinalement continua sa promenade, entraîné à la suite de cette voiture élégante, qui se précipitait, emportant le comte et son heureuse fille. L'abbé marcha pendant long-temps, suivant de loin les deux lumières brillantes qui vascillaient aux portières de la calèche. Il allait sans savoir où; il marchait sans but, mais il marchait toujours. Bientôt le bruit des roues retentit plus sourdement à son oreille, et il pressa le pas comme poussé par une main invisible. A qui, en effet, eût remarqué sa marche inégale, sa respiration entrecoupée, son regard immobile, il eût paru évident que la réflexion n'avait aucune part à ce qu'il faisait. Enfin la voiture s'arrêta devant la porte de l'Hôtel-de-Ville, éblouissante de lampions, et décorée de longues guirlandes de fleurs et de gendarmes. Chose étrange ! ce char léger, emporté par deux chevaux ardens et rapides, s'était à peine arrêté devant ces guirlandes et ces gerbes de lumière, que l'abbé Emmanuel était là, debout, confondu dans la foule qui regardait passer les conviés à la fête. Sa mise, propre sans recherche, son habit noir et sa cravate de batiste, blanche comme la neige, frappèrent les curieux au milieu desquels il était, et qui s'ouvrirent pour lui laisser un passage. Sans avoir fait un effort pour y parvenir, il se vit au premier rang. Les gendarmes se rangèrent pour lui faire place; les huissiers firent tourner sur leurs gonds les deux battans de la porte d'honneur, et il se trouva dans la salle de bal. Un orchestre habile exécutait les walses délicieuses de Meyer-Ber et de Rossini, et les walseurs tourbillonnaient autour de lui. C'était un prestige, une féerie.

Partout des fleurs, des parfums, des bougies, des femmes à la taille élancée, aux blanches épaules, étincelantes de jeunesse et de parure, tandis que lui, perdu dans la foule, il était là, s'enivrant à longs traits de danse et de musique. Il lui semblait faire un rêve délicieux, comme on en fait quand on a vingt ans, de la gaîté, de l'insouciance, et un estomac doué de ressort et d'énergie, qui ne connaît pas encore les digestions pénibles. La chaleur était étouffante. De brillans plateaux, portés par des valets à la livrée de la ville, circulaient dans les salons, chargés d'oranges et de sorbets. L'abbé Emmanuel prit des sorbets et des oranges; il prit du punch parfumé; il prit du vin de Chypre; il prit de tout ce qui passa devant lui.

Cependant la foule, moins nombreuse, s'écoulait lentement. Les lustres jetaient une lumière moins vive; et dans un moment de silence et de repos, le son de l'horloge de la ville vint frapper son oreille. Il compta les coups du marteau

qui tomba trois fois sur le timbre sonore :
il était trois heures du matin. Ce bruit
inattendu produisit sur lui un effet magique. Un frisson involontaire le saisit : il
réfléchit pour la première fois au lieu où
il se trouvait, et, troublé, effrayé, il sortit précipitamment, dans un état d'agitation impossible à décrire. L'obscurité de
la nuit était profonde : le ciel était couvert; pas une étoile ne paraissait au firmament; et de larges gouttes de pluie, tièdes
et d'une odeur suffocante, commençaient
à tomber. Quoique les rues de la ville de
P*** lui fussent parfaitement connues,
son trouble était si grand, qu'il eut peine
à retrouver sa route au milieu de leur tortueux dédale. Il s'égara, revint dix fois
sur ses pas; et la pluie tombait par torrens
lorsqu'il parvint enfin à l'extrémité du faubourg qui conduisait au château du comte

de Chefdeville. Mouillé jusqu'aux os, il frissonnait; la fièvre le saisit, il était brûlant et glacé tour à tour.

A moitié chemin de la ville au château, sur le bord de la route, s'élevait autrefois une chapelle alors abandonnée, dont les ruines, renfermées dans l'enceinte du parc, avaient été cent fois le but de ses promenades. Incapable de marcher davantage, il entra dans la chapelle, et s'assit sur les degrés de l'autel, protégé contre la pluie qui continuait à tomber, par le feuillage épais d'un frêne qui avait cru en cet endroit. Le vent qui jusqu'alors s'était tu, commençait à se lever, chassant devant lui les masses épaisses des vapeurs amoncelées dans le ciel, et la lune reparut par intervalles au firmament. A l'obscurité la plus complète, succéda une lumière douteuse et blafarde, qui, n'éclairant qu'à demi les objets sur lesquels elle glissait sans s'arrêter, leur faisait revêtir des formes étranges. La tête penchée, le front appuyé sur l'une de ses mains, l'abbé Emmanuel contemplait les jeux bizarres de cette lumière capricieuse. Il lui semblait parfois que les vieux murs de la chapelle s'ébranlaient sur leurs fondemens; il croyait voir s'agiter les longues dalles de granit qui pavaient le sanctuaire abandonné. Peu à peu ces mouvemens qui l'étonnaient devinrent plus distincts et plus rapides; et il lui sembla que tout tournait autour de lui. Des figures bizarres, hideuses ou grotesques, voltigeaient dans l'enceinte ruinée. Quelques statues, que le temps avait respectées, se levèrent du sol humide sur lequel elles gisaient depuis longues années. Les pierres tumulaires, éparses sous la mousse et les ronces, s'entrouvrirent, et il en sortit des chevaliers, des moines, des châtelaines aux lèvres violettes, aux yeux fixes, au regard immobile, pâles comme les suaires blancs qui les enveloppaient. Un son doux et mélancolique comme celui d'une harpe éolienne se fit entendre, et la foule silencieuse et froide s'agita. Leurs mains s'entrelacèrent, leurs pieds frappèrent le sol, qui ne résonna point sous le choc rapide et cadencé; ce fut une danse horrible à voir. Une sueur froide coulait le long des joues de l'abbé Emmanuel; sa raison s'égara; sa tête agitée de vertiges se troubla; un nuage s'étendit sur sa vue; ses yeux se fermèrent, et il tomba sans mouvement sur la pierre humide.

Il y avait long-temps que le soleil était

levé, lorsque le comte et sa fille se retrouvèrent dans la salle à manger du château de Chefdeville, après la nuit de plaisir qu'ils avaient passée. Une teinte plus pâle que d'ordinaire couvrait les joues de la jeune fille, dont la chevelure soyeuse, que ne retenaient plus les longues épingles à tête d'or, et les peignes d'écaille aux dents polies, s'échappait en longues boucles de dessous le foulard des Indes qui entourait sa jolie tête. Ils s'assirent autour de la table d'acajou chargée de fruits, de lait, de beurre parfumé, de confitures, de gâteaux arrondis en couronne autour de la théyère de porcelaine du Japon. L'abbé Emmanuel n'y vint pas prendre sa place accoutumée; mais le comte ne s'en étonna pas. Comme l'heure du déjeûner avait été retardée, il pensa que l'abbé l'avait devancée, et il ne fut pas question de lui davantage. L'heure du dîner vint à son tour, et la place de l'abbé y resta vide comme au déjeûner. Cette absence extraordinaire d'un homme qui se faisait remarquer par sa ponctualité inquiéta le comte. Il demanda où était l'abbé Emmanuel; personne ne l'avait vu. On l'appela; il ne répondit pas. On alla dans sa chambre; elle était vide; et le comte ne savait comment expliquer cette absence, lorsque le garde du parc entra et lui dit : que passant près de la chapelle abandonnée, il avait été attiré par les jappemens de son chien, et avait trouvé l'abbé Emmanuel étendu à terre, privé de connaissance, et, en apparence, ayant déjà cessé d'exister. On courut au lieu qu'il indiquait, et l'on rapporta au château le corps de l'abbé, qu'un reste de chaleur, qui fut remarqué par le comte, n'avait pas abandonné. C'était une attaque d'apoplexie. Les soins d'un médecin habile, que la voiture du comte courut en toute hâte chercher à P***, rappelèrent l'abbé Emmanuel à la vie; mais sa convalescence fut longue et difficile.

Il y avait déjà quelque temps que le médecin avait cessé ses visites, et le terme qu'il avait fixé à l'observance du régime prescrit à son malade était passé depuis plusieurs jours, lorsqu'un matin, le comte de Chefdeville reçut la lettre suivante, qui portait le timbre de la ville de P***.

Monsieur le Comte,

Je suis pénétré de reconnaissance pour toutes les preuves de confiance et d'attachement dons vous m'avez honoré pendant mon séjour chez vous; et ce n'est pas sans un vif chagrin que je me suis décidé à vous quitter. Mais un devoir impérieux m'y oblige : le soin de mon salut, et une grande faute à expier. Je me retire à l'abbaye de Meilleray, où j'ai sollicité et obtenu la haute faveur d'être admis au nombre des frères trapistes, qui, morts au monde, ne s'y occupent plus que du ciel et de l'éternité, seuls objets dignes de nos méditations. Pensez quelquefois à un homme qui n'oubliera jamais la généreuse hospitalité qu'il reçut dans votre famille, et daignez prier souvent pour celui qui fut autrefois dans le monde

L'abbé EMMANUEL.

Julien Taslé.

L'Hospitalité bretonne.

L'HOSPITALITÉ BRETONNE.

Esquisse de Voyage.

On reproche généralement à la Bretagne son défaut d'industrie, sa lenteur à adopter les inventions utiles aux arts et à l'agriculture, et son espèce d'opposition à tout ce qui est progrès et innovation, sous quelque forme que ces avantages se présentent. Ce pays a, en effet, plus peut-être qu'aucune autre province de France, conservé les vieux usages consacrés par le temps, l'habitude et souvent l'utilité. Le breton n'admet, qu'après examen et certitude de réussite, les mille inventions offertes et présentées à chaque instant à l'avidité et au désir sans cesse renaissant d'acquérir; il n'accorde foi et confiance au progrès social ou industriel, que lorsqu'il a fait preuve d'utilité, et qu'il s'accorde avec son climat, ses mœurs, ses besoins. Faut-il l'en blamer? N'est-ce pas sagesse et habileté? Et, loin de l'accabler d'un ignorant dédain, si facile à déverser légèrement et sans connaissance de cause, ne devrait-on pas rendre justice à la sage et prudente sagacité de ses habitans, auxquels une étude plus approfondie de leur existence ferait rendre justice?

On reproche au paysan breton sa froideur, sa taciturnité habituelles, qualités, ou, si l'on veut, défauts qui le rendent peu sociable, en en font un être à part. Il est sage et froid, il est vrai, mais le climat, qui influe toujours sur les mœurs, le veut ainsi; fidèle à son origine, enfant non dégénéré des guerriers du Nord, il a conservé ce sang-froid et cette mâle et judicieuse vaillance que leur attribuent les historiens; la religion et la civilisation seules ont adouci l'âpreté de ces fiers caractères, et y ont laissé ce qu'il faut au courage de sang-froid et de magnanimité. Si la Bretagne n'a pas suivi constamment la même ligne que quelques autres pays, il faut l'attribuer à ses états successifs, aux luttes qu'elle a eu à soutenir, à ses guerres continuelles et toujours renaissantes, d'abord contre les Romains, puis les Normands et les Français; luttes que la réunion à la couronne, par un double mariage, ne calma que d'une manière imparfaite ; que l'empiétement sur des droits indécis ou le mépris des priviléges firent souvent renaître, et que la centralisation, enfant avorté d'une longue et sanglante révolution, a comprimées sans éteindre. Si elle est restée, ce semble, un peu en arrière, si elle a souvent dédaigné les progrès des arts et le luxe des jouissances de la vie, si, disons le mot, elle n'a accepté la civilisation que d'une manière restrictive et sans se soumettre à toutes ses conséquences, n'en faut-il pas rendre justice à sa sagesse ? Le progrès n'a-t-il pas aussi ses abus, autant et souvent plus funestes que ceux de l'ignorance ? Le luxe est-il un si grand bien, et n'engendre-t-il pas une foule de besoins toujours croissans et renaissans, que rien ne peut assouvir, et qui causent le malaise et l'irritation dans les sociétés? Le breton a dédaigné de fausses jouissances; il leur a préféré sa vie frugale et laborieuse, sa simplicité qui fait son bonheur; il a conservé sa langue, qui est et sera long-temps un obstacle à toute innovation, son caractère fier et indépendant, gage de son origine et de sa nationalité. Pour les choses utiles et glorieuses, la Bretagne n'est point restée en arrière; les guerriers nombreux qui l'illustrèrent en font foi, et la France a dû plus d'une fois sa défense et sa gloire aux héros qu'elle lui emprunta; le vainqueur des Anglais et le premier grenadier de la république étaient bretons. Beaucoup d'entre eux cultivèrent les lettres et les sciences, et de nos jours encore, elle a à offrir plus d'un beau génie parmi ses enfans. Les arts y furent aussi cultivés avec succès, et traduisirent les croyances vivantes dans des cœurs ardens et religieux. L'architecture éleva des monumens grands et durables; elle produisit ces vastes et admirables basiliques, magnifique réalisation d'une pensée plus sublime encore. Ainsi surgirent ces églises merveilleuses d'ornemens et de style, qui parsèment les endroits les plus reculés de la Bretagne; elle les surmonta de légers et grâcieux clochers élancés dans les airs comme une flèche, ciselés et découpés à jour de larves de flammes, ce qui a fait donner à la pensée qui les créa le nom d'architecture flamboyante; alors le Kersauton se contourna en ornemens de toutes sortes, s'allongea en colonnettes, s'effila en ogives; il s'anima sous la figure des saints ou des démons; le bois se découpa en poutres, en corniches, en boiseries légères et élégantes; tout concourut à l'ornement des temples, à la gloire de Dieu.

Si le breton s'est illustré par la gloire des armes, s'il a cultivé avec succès les sciences, les lettres et les arts, il a autant que tout autre peuple les qualités essentielles et généreuses qui naissent du cœur, et font le bonheur des hommes entre eux. Il est bon, dévoué, fidèle et hospitalier. 1°. Son appui est sûr et constant; 2°. sa promesse inviolable, son serment sacré. Son aisance est le partage du pauvre; sa récolte, souvent courte et chétive, le blé que laisse à peine croître le sol rocailleux de ses montagnes, le fruit que laissent mûrir avec jalousie son pâle soleil et son ciel nébuleux, son âtre, sa table, son lit, il aime à les offrir à l'étranger. Celui qui, égaré dans sa route ou surpris par la nuit, vient demander gîte ou service à la chaumière qu'il rencontre, porte la joie dans la famille du paysan breton.

Je parcourais, il y a peu de mois, cette curieuse et intéressante contrée, comprise entre les premières montagnes au sud-est et la mer; je me félicitais de plus en plus d'avoir entrepris une excursion qui offrait à mon esprit un vaste champ d'observations et d'études. A mesure que j'avançais, je sentais se détruire les impressions défavorables qui, quoique je n'eusse voulu les admettre qu'après examen, avaient cependant laissé quelques traces; je n'ai point trouvé un sol fertile, de riches et abondantes moissons, une prospérité matérielle toujours croissante : une terre ingrate, un climat humide, un ciel gris et chargé de nuages, sont des obstacles naturels à tous ces avantages; je n'ai point vu de villes splendides et somptueuses, où le faste des arts et du luxe étale ses richesses. Non, dans l'intérieur, on ne rencontre que des villes modestes; la pierre est souvent rare; il faut y suppléer par le bois, la brique ou la terre naturelle; les villes situées sur la mer, celles qui ouvrent leurs ports aux vaisseaux de la Manche et de l'Océan, offrent seules cet air de prospérité et d'abondance, cette agitation habituelle, commune aux villes commerciales, auxquelles les relations, les affaires donnent un air de vie toujours étranger aux villes centrales. Mais j'ai trouvé un peuple bon et religieux, attaché à ses devoirs, fier de son pays, grand dans sa pauvreté, un peuple glorieux de ses vieux usages et chatouilleux sur ses droits; enfin un peuple d'une physionomie saillante et prononcée, chose rare à trouver aujourd'hui, que le niveau a passé partout. Habitudes, costumes, jeux, fêtes, vie ordinaire même, tout est vieux et original chez le paysan breton. Qu'importe que ces usages diffèrent des usages des Normands ou des Gascons, par exemple, pourvu qu'il ait les qualités nécessaires à l'homme, au citoyen, au soldat? Et pourquoi trouver ridicules des mœurs que le temps a consacrées?

.... Nous venions de quitter le château de K***, manoir demi-féodal, à fossés pleins d'eau ou plutôt à étangs poissonneux, à tourelles élancées, à machicoulis et à meurtrières en miniature, où, malgré cet aspect prétendu sombre, nous avions reçu de la châtelaine le plus bienveillant et le plus gràcieux accueil. Lâchant la bride à nos chevaux, et les laissant suivre la route à leur gré, nous regardions les campagnes, ces plaines arrosées par des ruisseaux, coupées de champs multipliés entourés d'arbres qui, vus en raccourci et à l'horison, semblent une forêt; ces paysages riches de culture, d'arbres fruitiers, et ces landes couvertes de bruyères ou d'ajoncs sauvages, çà et là parsemés d'une verdure courte et grise, où les troupeaux viennent chercher une stérile pâture; ces prairies coupées de ruisseaux coulant, avec un timide murmure, dans d'étroits canaux creusés par la main du cultivateur; ces collines couronnées d'un bois de chênes ou d'un *tumulus*, plus souvent encore de ces pierres séculaires appelées *dolmen*, *menhir*, selon qu'elles servaient d'autels aux dieux ou de tombeaux aux hommes; des maisons groupées autour d'un clocher, nous indiquaient un hameau, un village, où de tous côtés venaient aboutir des chemins ou des sentiers tracés à travers les champs.

Il se faisait tard; la route que nous suivions était peu fréquentée; ses sinuosités, sa trace, souvent indécise, indiquaient qu'elle ne conduisait pas à un endroit important. Depuis quelque temps nous côtoyions un courant bordé d'aulnes et de peupliers, à travers le feuillage desquels la fraîcheur des eaux et du soir venait ranimer nos chevaux fatigués.

— Il fera bientôt nuit, la lune est déjà levée, dis-je à mon compagnon; il est temps que nous arrivions à quelque hameau ou à quelque demeure.

— Sans doute il serait temps Avouez, Albert, que c'est un peu votre faute; vous n'en finissez avec vos recherches, vos notes, vos dessins; un arbre, un ruisseau, une pierre vous arrêtent. Il est bon d'être curieux, mais vous l'êtes au-delà de la permission; il faudrait au moins savoir calculer son temps et y subordonner ses démarches; j'ai beau vous hâter, vous ne m'écoutez pas; au moment de partir, vous me quittez pour aller voir je ne sais quel objet et interroger je ne sais qui; avec cette excessive curiosité, on n'avance à rien, et on est en arrière.

— Mon ami, ne me faites pas de reproches; nous voyageons pour voir, pour connaître. Auriez-vous peur? Nous sommes dans un trop bon pays pour avoir quelque crainte.

— J'ai du moins celle de coucher à la belle étoile, cette nuit; et quelque belle qu'elle s'annonce, quelque diaprée que semble devoir être la voûte des cieux, je préfère un lit quelconque et un toit protecteur à cette position romantique. Je suis peu romantique de mon naturel, et la nuit moins que jamais.

Il parlait encore, quand nous entendîmes un bruit cadencé parmi les feuilles qui jonchaient les rives du ruisseau, comme la démarche d'un homme chargé d'un fardeau.

— Voilà sans doute quelqu'un qui vient; n'entendez-vous pas du bruit?

— Oui, c'est un homme qui vient; mais en serons-nous plus avancés, car il ne comprend probablement pas le français?

— Espérons le contraire. Je le regarde comme envoyé vers nous pour nous indiquer la route et nous tirer d'embarras.

En même temps nous vîmes au détour d'un fourré et s'avançant vers nous, un homme légèrement courbé sous le poids d'un sac chargé sur son dos, et qu'il retenait de sa main gauche appuyée sur sa poitrine ; à ses vêtemens, à son allure, nous reconnûmes que c'était un de ces mendians communs en Bretagne, où la charité n'est pas éteinte, et où l'on se souvient avec respect de ce démenti donné par le dieu-homme à une civilisation impuissamment philantropique : « Vous aurez toujours des pauvres parmi vous. » — Il releva la tête en nous voyant, puis s'inclina sans cesser sa marche. Il portait un large chapeau de feutre devenu grisâtre, dont les bords inégaux cachaient une partie de son visage, et laissaient échapper de longs cheveux gris et plats en touffes inégales. Sa figure, où la pauvreté, la souffrance et l'âge avaient creusé plus d'une ride, indiquait la résignation; et en y regardant de plus près, on retrouvait une apparence de fierté dans ces traits grands et prononcés, dans le pli de ce sourcil, et sur-tout dans l'expression de ces lèvres légèrement entr'ouvertes, et auxquelles le sourire n'était point étranger; fierté pleine d'abnégation, qui indique le mépris des jouissances qui ne sont elles-mêmes que besoins asservissans et tyrannique misère. Cette tête frappante se terminait par une barbe courte et blanche, qui se mêlait aux touffes de cheveux égarés sur les épaules et la poitrine du vieillard. Il portrait une tunique de toile grise à manches, trouée en plus d'un endroit, et serrée autour de ses hanches par une courroie à laquelle étaient suspendus quelques objets. Une corde à plusieurs nœuds pendait de son épaule droite sous son bras gauche, et soutenait une gourde grossièrement appropriée à son usage; sa main gauche, croisée sur sa poitrine, était entourée par les liens d'une poche, rejetée derrière son dos et remplie d'objets qui la gonflaient inégalement. Ses jambes portaient une culotte de serge, usée et suppléée par des lanières en plusieurs endroits; ses pieds étaient chaussés dans de larges et informes souliers, qui, au-dessus d'eux, laissaient voir une jambe amaigrie.

— Où sommes-nous, dis-je au mendiant; quelle est la route que nous suivons?

— Elle vous mènerait à Landivisiau, Messieurs, me répondit-il; mais la nuit qui s'avance ne vous donnera pas le temps d'y arriver.

— Mais trouverons-nous dans ces environs un hameau, une ferme où nous puissions passer la nuit? Indiquez-nous ce que vous connaissez. — Et en même temps je lui jetai une pièce de monnaie.

— Dieu vous guide, Messieurs charitables; puis il s'inclina; suivez, reprit-il, cette petite rivière, c'est le Landerneau ou l'Elorn; elle vous conduira à un village qui n'est guère qu'à dix minutes du chemin : c'est Pont-Christ. Vous demanderez Héric; sa maison est tout à l'entrée, de ce côté-ci, sur le bord de l'eau; j'en viens. On y secourt le pauvre; allez là, car on y accueille toujours l'étranger. —

Et le mendiant s'éloigna en nous indiquant le chemin de son chapeau et en nous bénissant.

— Il est heureux que nous l'ayons rencontré, me dit mon compagnon. Si tout s'arrange comme il le dit, il n'y aura que demi-mal. En même temps, nous hâtâmes le pas de nos chevaux, et bientôt nous aperçûmes quelques maisons, dont nous étions séparés par le ruisseau. Ce groupe immobile, réfléchi par la teinte assombrie des eaux, semblait une flotille à l'ancre.

— Traversons, dis-je; ce village ne peut être que Pont-Christ; cette première maison à droite doit être celle de Héric: et déjà nous avions franchi l'Elorn, peu rapide en cet endroit. Remontant le rivage, nous passâmes une haie vive qui entourait un de ces jardins de paysans, où la symétrie fait place à l'ûtilité. Le long de la haie était une allée de fruitiers; au bout de l'allée, un enfant frais et beau, qui, assis sur le seuil de la porte, s'amusait avec quelque chose qu'il roulait à terre. Nous étions descendus de cheval; mais au bruit de nos pas, l'enfant leva la tête, et une femme se présenta au-dessus.

— Est-ce ici la maison de Héric, demandai-je?

— Oui, Monsieur, répondit la femme d'une voix douce. Que désirez-vous?

—Nous cherchons une auberge, un gîte où passer la nuit. Veuillez nous indiquer ce que vous connaissez.

— Il n'y a point d'auberge dans notre village; il y a bien un cabaret où l'on va boire en allant à la foire de Landivisiau ; mais vous y seriez mal. Restez avec nous, Messieurs, nous avons des lits ; nous pouvons vous recevoir. Héric va rentrer, il sera heureux de vous donner asile. — Et sans attendre notre réponse, elle nous fit signe d'entrer, et saisit les brides de nos chevaux qu'elle conduisit à l'autre extrémité de la maison.

Encouragés par cet accueil, nous entrâmes dans la maison, faiblement éclairée au fond par le feu d'une vaste cheminée, à l'un des pans intérieurs de laquelle brûlait une chandelle de résine, que retenait un morceau de bois fendu, fiché dans la muraille ; lueur indécise, que des pétillemens répétés rendaient intermittente.

Notre accueillante hôtesse revint bientôt suivie de son enfant pendu à ses jupons.

— Reposez-vous près du feu, nous dit-elle, en approchant deux escabelles; Héric ne peut tarder à revenir; il est allé à La Roche conclure un marché. — Puis elle ouvrit une armoire située à l'angle gauche de l'âtre, et en tira une petite lampe qu'elle alluma. Nous pûmes alors distinguer la chambre où nous étions, et les objets qu'elle contenait. Devant nous était une vaste cheminée qui tenait les trois quarts du pan de la muraille, rappelant par sa dimension, sinon par ses ornemens, les cheminées gothiques des châteaux du moyen-âge. Un large manteau en cône, surbaissé sur deux pans de pierre, donnait passage à la fumée. Aux pans étaient suspendus des trépieds, des grils, des chapelets de mousserons enfilés, et au-dessus un jambon enfumé dont la couleur ne se détachait guère du fond de la muraille noircie. Au fond, au milieu, pendait une crémaillère édentée, soutenant un chaudron, au-dessus d'un feu formé de racines d'arbres et de mottes desséchées au soleil. A droite, presque dans la cheminée, un vieillard était assoupi dans un grand fauteuil de chêne, grossièrement joint. Il était coiffé d'un vaste chapeau rabattu ; des cheveux blancs pendaient de chaque côté de son visage; sa main droite était passée dans son large pourpoint d'étoffe velue, l'autre retombait sur le bras de son siége. Il portait une culotte large et courte, attachée sous le genou ; le reste de la jambe était garanti par des chausses en drap gris. De gros sabots complétaient ce simple costume. Ses pieds étaient posés sur la pierre du foyer. Un chat était couché entre son siége et ses jambes allongées. Notre arrivée ne le troubla pas ; il continua de sommeiller, offrant à nos regards un visage calme et des traits contractés par la vieillesse.

— C'est le père de Héric, nous dit sa bru. C'est le plus ancien du village; il en a connu aucuns qui sont morts depuis bien long-temps. Derrière le vieillard, un lit en forme d'armoire, formé de plusieurs matelas entassés et surmontés d'une couverture de laine verte, était entouré de tous côtés de pans de bois, travaillés et noircis par le temps et la fumée; il eût été difficile d'y monter sans aide; aussi, au pied, dans toute sa longueur, s'étendait un coffre, qui avait la triple utilité d'escabeau, de coffre et de siége. Il faut qu'un lit soit très-élevé en Bretagne, et touche presque la voûte du plancher; c'est un signe d'aisance et de richesse. — Près de l'escabeau dormait un enfant couché dans un berceau de chêne, élevé à peine de deux pieds. Ainsi, à côté l'un de l'autre, s'offraient les deux anneaux extrêmes de la chaîne de la vie. — Un autre lit, à peu près de même forme et d'égale hauteur, était à un autre angle de la chambre, près de la fenêtre, fermée alors par un auvent. — Une longue table, arrêtée au sol, était au milieu de la chambre, et dans la même direction, était suspendue horizontalement au plancher une échelle soutenant plusieurs pains, quelques liasses d'oignons et autres objets nécessaires au ménage.

Héric rentre enfin. Dès qu'elle l'entendit, sa femme alla au-devant de lui sur le seuil. — Ce sont des étrangers, lui dit-elle, qui ont été surpris par la nuit, et qui, à ma prière, ont bien voulu accepter un gîte dans notre maison.

— C'est bien fait, Yvonne, reprit Héric. Messieurs, soyez les bien venus, se tournant vers nous et se découvrant; puis il nous tendit successivement la main. Vous allez à Landivisiau, sans doute?

— Non; nous parcourons la Bretagne pour la connaître.

— Il passe si peu d'étrangers par ici, qu'il n'y a pas même d'auberge; ce qui nous procure le plaisir d'en recevoir quelquefois; mais c'est rare. On parle cependant de refaire la vieille route; alors les communications seraient plus faciles, et les voyageurs plus nombreux.

Pendant que nous causions ainsi, le vieillard se réveilla. Nous lui adressâmes quelques mots, auxquels il répondit par un sourire.

— Il ne parle guère français, nous dit Héric. — En même temps Yvonne lui mit sur les genoux une écuelle pleine de soupe, qu'il se mit à manger avec appétit.

Depuis notre arrivée, cette femme laborieuse avait fait les apprêts du souper. Quand il fut prêt, elle étendit sur la table une nappe blanche, y posa cinq assiettes, autant de verres, un large pain rond, dont elle coupa les morceaux, et les posa sous la serviette de chaque couvert; elle rangea des siéges autour, en mit deux garnis en paille. — Va donc avertir Jeanne, dit-elle alors à son mari; et celui-ci sortit en prenant un cruchon de terre.

Nous allons souper, si vous voulez bien,

Messieurs, nous dit Yvonne; vous devez avoir appétit.

— Ce sera avec plaisir, répondis-je, quoique nous ayons dîné copieusement à K**.

— Ah! vous venez du château de K**; j'y vais aussi quelquefois. Mme. de K** est la providence du pays; aussi est-elle chérie de tout le monde.

A ces mots, Héric rentra tenant son broc rempli; il était suivi d'une jeune fille d'environ vingt-trois ans, qui nous salua d'un air gracieux. C'est ma sœur Jeanne, — nous dit Yvonne.

Jeanne avait une de ces figures agréables qui plaisent à la première vue. De beaux cheveux châtains encadraient des traits bien prononcés; ses yeux, sa bouche exprimaient la candeur et la bonté; une taille élevée et bien prise la distinguait de la foule des paysannes ordinaires; le son de sa voix était doux, et elle s'exprimait purement en français.

Héric prit une broche aiguë, la ficha au plancher au-dessus de la table, et y suspendit la lampe dont, en allongeant la mèche, il augmenta l'éclat. Nous nous mîmes à table pendant qu'Yvonne la couvrait de mets. C'était de la soupe au lard et aux choux, et ensuite des œufs cuits au gras, un carreau de lard enseveli sous des choux en litière, du beurre excellent et des pommes de terre cuites sous la cendre. Je me trouvais à la droite d'Yvonne et à la gauche de Jeanne. Le repas fut gai et cordial; et de son vieux fauteuil, le bon vieillard semblait, par son sourire, encourager notre appétit. La conversation de Héric était simple, mais sage et variée; il avait une instruction pratique qui en faisait un homme de bon sens et un homme utile.

Quand nous eûmes soupé, vous êtes sans doute fatigués, nous dit Héric? Si vous voulez prendre du repos? — Nous nous levâmes. Il prit la lampe, et précédé de sa femme, il nous conduisit, par un petit escalier tournant, à l'étage au-dessus; il ouvrit une porte, et nous introduisit dans une chambre à deux lits fort propre et fort bien tenue. — Ces Messieurs, nous dit-il, ne seront peut-être pas si bien couchés qu'à l'ordinaire; mais nous offrons de bon cœur ce que nous avons. Yvonne s'empressa de nous procurer tout ce dont nous pouvions avoir besoin; et nous saluant, ils se retirèrent.

Ma foi, mon cher, m'écriai-je, je ne donnerais pas pour beaucoup l'aventure qui nous arrive; je m'estime heureux du retard qui nous a amenés ce soir chez ces braves gens.

— Il est certain que nous avons plus de bonheur que de prudence.

Nous nous couchâmes en nous félicitant de l'accueil que nous venions de recevoir.

Le lendemain, Héric vint nous demander à quelle heure nous voulions déjeuner; puis il s'offrit à nous montrer le village. Nous le suivîmes; il nous fit voir un moulin à eau dont la situation sur l'Elorn était fort pittoresque. Partout nous recevions le salut des hommes qui allaient au travail, et des femmes assises à la porte de leurs maisons. Nous revînmes déjeuner, et nous prîmes congé de nos hôtes. — Il est inutile de dire que nous ne pûmes rien leur faire accepter ; à peine pûmes-nous laisser à l'enfant un joujou improvisé, dans lequel nous glissâmes, à l'insu des parens, quelques pièces d'argent.

Nous trouvâmes nos chevaux bien repus, sellés et bridés ; Jeanne me tendit l'étrier. — Adieu, Messieurs, nous dit notre hôte; bonne santé et heureux voyage ; si jamais vous repassez dans le pays, souvenez-vous d'Héric. Nous saluâmes avec reconnaissance cette bonne famille, et reprîmes notre route en bénissant les habitans de Pont-Christ.

Ce récit, qui n'a d'autre intérêt que celui de la fidélité, est un hommage que je devais à la Bretagne ; heureux d'avoir consacré ces pages au pays auquel je suis fier d'appartenir.

A. DE RIZAN.

L'Homme libre.

L'HOMME LIBRE.

ÉPISODE DE 1342.

L'armée du duc de Normandie s'élevait à quinze mille combattans de France, sous les bannières des comtes d'Alençon et de Blois, des ducs de Bourgogne et de Bourbon, du comte de Penthièvre, de l'amiral don Louis d'Espagne, du comte d'Eu, le connétable, du comte de Guynes et du vicomte de Rohan. Le Galois de la Baume, grand-maître des arbalétiers, commandait le corps des archers, et Doria avait sous ses ordres trois mille Génois, que le roi de France avait donnés à son neveu Charles de Blois, en lui prescrivant de ne revenir au Louvre qu'avec la couronne de Bretagne sur le front.

Le duc de Normandie signala l'ouverture des hostilités contre le prince Jean de Montfort, par l'occupation militaire d'Ancenis, le siège de Chantoceaux, l'incendie et le pillage de Carquefou; cette dernière expédition fut un exploit des maréchaux de l'armée. Le lendemain, les coureurs s'étant avancés jusqu'aux barrières de Nantes, vinrent annoncer au duc de Normandie qu'une troupe de bourgeois, commandée par le sire Hervé de

Léon-Châteauneuf, était disposée pour le combat en dehors du faubourg Saint-Clément. Le duc fit aussitôt marcher en avant les Génois d'Othon Doria. Ensuite, mettant son armée en ordre et la formant en plusieurs *batailles*, il en confia une partie au comte Charles de Blois, qui passa la rivière au château de Thouaré, et vint se présenter aux barrières de Pirmil.

Cependant, les Génois d'Othon s'approchaient de la troupe du sire Hervé; ils marchaient serrés et en masse, le fer de la pertuisane en avant; les Bretons les attendaient la dague au poing.

Dès que les Génois furent à moitié portée d'arbalète, ils poussèrent tous ensemble des hurlemens affreux, auxquels se mêlaient par intervalle les cris de France et de Blois.

— Bretagne et Montfort! répondirent les Nantais, et en même temps ils se précipitèrent tête baissée sur les Génois, culbutèrent leurs premiers rangs, et forcèrent Doria à se replier sur l'*ost* du duc de Normandie. Trois jours de suite les Génois, soutenus par les archers, revinrent à la charge, et trois jours de suite ils furent repoussés ; les Bretons d'Hervé s'étaient dit : « Nous ne reculerons pas. »

Cette courageuse résistance fut la cause d'un heureux changement dans l'esprit des assiégés. Les conséquences inévitables d'une guerre qui mettait de nouveau en présence Philippe de Valois et Edward d'Angleterre, cessèrent tout-à-coup d'effrayer les sages prévisions des marchands et des gens des petits-métiers ; il ne fut question que de se défendre avec courage.

Le bruit s'étant répandu que le comte d'Alençon et le duc de Bourgogne avaient tourné le poste du sire de Léon-Châteauneuf, et qu'ils suivaient la rive gauche de l'Erdre pour surprendre la ville, la population entière courut aux murailles. Dans un moment, Nantes fut hérissé de lances et de bannières; mais les Français ne s'approchèrent point des remparts. Les milices des paroisses se disposaient à rentrer dans leurs quartiers, lorsque la *guaite*, placée au clocher en bois de la cathédrale, aperçut un convoi qui se rendait au camp de l'ennemi. Elle en avertit les milices qui gardaient le rempart du côté de la porte Saint-Pierre.—Aussitôt, deux cents jeunes Nantais demandent au comte de Montfort la faveur d'enlever le convoi. Le comte leur donne la bannière de Bretagne, en leur disant : « Allez et faites bien ! » Les deux cents Nantais entonnent l'hymne de guerre de Montfort l'Amaulry, sortent de la ville, chargent avec intrépidité les gens d'armes qui escortent le convoi, en tuent un grand nombre, mettent le reste en fuite, et se retirent en ordre, emmenant avec eux leur prise, qui se composait de quinze charrois chargés de blé.

La nouvelle de cette expédition hardie étant parvenue au camp du duc de Normandie, le cri d'alarme y retentit de toutes parts. Les malandrins de Louis d'Espagne accourent en foule pour reprendre le convoi. Le comte d'Alençon et le duc de Bourgogne se précipitent sur les pas de don Louis.

Les jeunes Nantais poursuivaient leur marche vers les murs de leur cité. Des clameurs confuses et des cris de bannières, les avertissent tout à coup du danger qui les menace.

— Prions Dieu et monseigneur le baron Saint-Pierre pour le salut de nos âmes, dit le chef du convoi.

— Amen ! répondent les Nantais ; et ils s'arrêtent : c'était au pied du calvaire Saint-André.

La comtesse de Montfort, Jeanne de Flandre, vêtue de fer et couverte d'une casaque sans blason, était en ce moment avec ses pages et damoiseaux sur la tour de la porte Saint-Pierre. N'écoutant que son courage, elle se met à la tête des milices qui gardent les remparts du côté de la place des Lices, et court à l'ennemi. Mais elle ne peut arriver assez tôt pour sauver les jeunes Nantais : ils sont tous égorgés sous ses yeux. « Ah! Monsieur l'amiral, que vous êtes cruel! » s'écrie Jeanne en brandissant son épée. Et se tournant du côté des milices : « Mes amis, leur dit-elle, voici vos frères; allons les venger. » — « Oui, vengeance! vengeance! » répètent les milices, et les ennemis sont à l'instant pressés de toutes parts.

Jeanne attaque un groupe de malandrins qui entoure don Louis. Elle voudrait avoir à merci cet espagnol déloyal, qui aime tant à gorgiaser en devisant sur la prétendue bâtardise du comte de Montfort. Elle frappe d'estoc et de taille, la jeune femme, sans crainte pour son beau visage, et pour son corps couvert d'une simple armure de soudoyer. Mais les

Français, les Génois et les Espagnols débouchent avec tant d'impétuosité des issues du faubourg Saint-Clément et de la petite abbaye de Saint-André, qu'elle ne peut se frayer un passage.

— Par Sainte-Anne, dit-elle en s'adressant au porte-bannière de l'église Saint-Denis, ces coupe-jarrets sont plus pressés que mouches à miel dans une ruche.

— Par monseigneur Saint-Denis, répond le vassal des Réguaires, ils viennent à nous comme bétail à la boucherie. J'en abattrai, pour mon compte, autant que M. Samson tua de Philistins.

— A nous ce chevalier aux trois tourelles, dit Jeanne de Montfort! en montrant don Louis.

— Par le scel de mon baptême, réplique

le porte-bannière, serait-il champion d'enfer que j'irais à sa rencontre; et s'il ne porte signes d'enchantement sous sa cotte de maille, je lui ferai voir la couleur de son sang.

— Bretagne et Flandre-au-Lion! lui dit à voix basse la comtesse de Montfort.

— Ah! vaillante dame, s'écrie le vassal, oui, Bretagne et Saint-Denis! et frappant avec plus d'adresse ou de bonheur que la comtesse Jeanne, il abat tout ce qu'il rencontre devant lui, et se fraie un étroit passage. Couvert de sang, portant haut sa bannière, il pénètre à travers les malandrins jusqu'au prince espagnol, et lui décharge un coup de hache. Don Louis évite l'arme du porte-bannière, et revenant sur lui la plommée au poing : « Arrière, gallefretier, valet du rosaire! lui crie-t-il.

— Arrière toi-même, répond le Nantais. Et frappant de sa hache le champfrein du cheval de don Louis, l'animal se cabre en soufflant par les naseaux une écume mêlée de sang, et se renverse sur son cavalier.

— Bretagne et Saint-Denis! crie le porte-bannière.

— Bretagne à toujours! répond Jeanne de Flandre. Hola, gentil chevalier, poursuit-elle en aidant don Louis à se relever, remettez votre épée à ce brave Nantais, car vous êtes son prisonnier.

— Par Saint-Jacques! il n'en sera rien, réplique don Louis encore tout étourdi de sa chute, tes Bretons sonnent la retraite.

En effet, du côté du rempart on entendait retentir les cornets à bouquins; les milices se repliaient vers la porte Saint-Pierre; ce mouvement s'opérait d'après les ordres du sire de Léon.

Jeanne de Flandre, craignant de tomber au pouvoir de l'ennemi, se retire à l'aide de la paroisse Saint-Denis, et rentre dans la cité au milieu des flots de bourgeois qui se pressent, se heurtent, n'écoutant ni le cri de Bretagne, ni les cris de leurs bannières, et vociférant les mots d'alarme et de trahison. La comtesse de Montfort détache son heaume pour se faire reconnaître et cherche à rallier les milices; mais l'honneur du pays qu'elle invoque n'émeut plus le courage des Nantais. L'épouvante s'est jetée parmi le peuple, le peuple se croit trahi.

Au cimetière de la cathédrale, la foule se précipite dans les rues adjacentes, poussant des hurlemens affreux, mêlant aux cris du désespoir des accusations outrageantes pour Montfort.

Jeanne, voyant que ses efforts sont inutiles, revient à la tour Saint-Pierre, en fait baisser la herse et fermer la porte, puis remonte sur les remparts afin d'observer le mouvement de l'ennemi.

Le champ du combat était désert, silencieux comme le séjour de la mort. Quelques gens d'armes du duc de Bourgogne, acharnés à la poursuite des milices, s'étaient trop approchés de la ville, et avaient été tués par les arbalétriers des remparts. Cet échec et l'approche de la nuit avaient fait juger au duc de Bourgogne qu'il était prudent de sonner la retraite ; en sorte que du haut des murs de la cité, on apercevait les bannières de Bourgogne, d'Alençon et de Castille, qui s'éloignaient à travers les bouquets d'arbres et les maisons éparses de Saint-Clément.

Jeanne suivait des yeux cette retraite, et son cœur battait avec force contre sa poitrine; elle regrettait la victoire qu'on venait de lui arracher. Tout à coup elle se tourne brusquement vers les chevaliers qui se tiennent respectueusement à quelques pas d'elle, et apercevant le sire Amaury de Clisson, elle lui dit : « Baron, qui a fait sonner la retraite quand nous avions les Français à merci? »

— Ma souveraine dame, répond Amaury, il s'est répandu à ce sujet tant de bruits, qui courent à l'encontre les uns des autres, qu'on ne sait trop auquel s'arrêter.

— C'est bien à vous d'être discret, réplique la comtesse de Montfort; je n'en dirai pas moins que celui qui a fait sonner la retraite est *déloyal et foi mentie*. Il a mérité de voir ses armes brisées sur un échafaud, de s'entendre appeler traître par le dernier des Truands, et d'être porté à l'église, lié sur une claie, couvert d'un drap mortuaire comme un cadavre. C'est ainsi que l'on efface le caractère sacré de chevalerie.

Personne n'osa élever la voix en faveur du sire Hervé de Léon-Châteauneuf, seigneur de Noyon-sur-Andèle.

Jeanne poursuivit — Sire de Clisson, dit-elle en montrant le porte-bannière de Saint-Denis, celui-ci est un brave et digne

Breton; ayez-en soin. Il a le bras d'un homme d'armes et le cœur d'un chevalier; M. l'amiral de France le sait bien.

— Son cheval avait la tête dure, répartit Jacques; ma bonne hache est ébréchée.

— Voyez-vous, Messire, dit vivement la comtesse Jeanne, c'est comme notre beau cousin Robert de Bruz, roi d'Écosse, à la bataille de Bannockburn. « Au diable l'anglais! s'écria-t-il en jetant un coup-d'œil sur le chevalier Henri de Bohun, qu'il venait d'étendre roide mort à ses pieds, *j'ai gâté ma bonne hache d'armes.* » La comtesse se prit à rire, puis s'adressant de nouveau au porte-bannière : Quel est ton nom? lui dit-elle.

— Jacques.

— Après?

— Rien autre.

— Ton servage?

— Homme lige, plège de messire l'évêque de Nantes. Par ses bonnes grâces, porte-bannière de la paroisse Saint-Denis les jours de procession, et quand se publie le ban de *l'ost* et de *la harelle.* Vassal d'église, comme je dis, et sujet fidèle de monseigneur le duc de Bretagne.

— Tu as été hardi et loyal au combat, dit alors Jeanne de Flandre en mettant une pièce d'argent dans la main de Jacques, et la faisant sauter d'un coup de gantelet, elle ajoute : « Va, je te déclare homme libre, par Saint-Georges et Saint-Denis! »

— Noël! noël! s'écrie le porte-bannière.

— Or çà, dit alors la comtesse en lui donnant à baiser sa main maillée de fer, souviens-toi que tu peux devenir chevalier.

— En attendant qu'il déploie bannière devant un escadron de lances, ou sur le donjon d'un château féodal, ajoute le sire Amaury de Clisson, je le prends à mon service; qu'il soit un de mes *varlets*.

— Ainsi soit-il ! réplique Jacques; vous êtes un brave sire.

— Et toi un brave champion, répartit Amaury en lui frappant sur l'épaule.

Les seigneurs qui entouraient la comtesse de Montfort se prirent à rire; et depuis ce moment, le nom de *Champion* devint le chiffre de Jacques.

Vingt-deux ans plus tard, le jour de Saint-Michel-Montegargane, qui fut aussi le jour de la bataille d'Auray, Jacques, dit Champion, reçut l'accolade de chevalier, en récompense de ses loyaux services sous la bannière très-redoutée des sires de Clisson. Son fils, élevé comme page au château de la Tour-Neuve, fut un des officiers les plus distingués de la cour de Jean V, duc de Bretagne. En 1480, Pierre Champion, chevalier, était seigneur chatelain de Cicé, dans la paroisse de Bruz-la-Guerche, au diocèse de Rennes. — En 1620, Gui Champion de Cicé fut élu évêque de Tréguier. — En 1642, le roi de France érigea en baronnie la terre et seigneurie de Cicé, en faveur de Charles Champion, conseiller au Parlement de Bretagne. A l'époque de la révolution de 1789, messire Pierre Champion de Cicé occupait le siége archiépiscopal de Bordeaux.

C'est ainsi que l'on devenait gentilhomme.

Vicomte de Marquessac,
De l'Institut historique.

La Mère d'adoption.

La Mère

D'ADOPTION.

Il y a long-temps qu'on l'a dit, ou du moins qu'on l'a pensé : la vie n'est qu'une suite de désirs et de regrets, une chaîne pesante et dure, dont les anneaux nous laissent de cruelles et sanglantes traces. Tel est, en effet, le résumé de notre existence, l'expression des trois phases de la vie : le présent coule et fuit insaisissable; le passé fait naître nos regrets en rappelant nos souvenirs; l'avenir éveille nos désirs, nos inquiétudes, en nous inspirant des projets que la déception vient souvent flétrir. Tous trois ne nous laissent que le néant, désert qu'aucun sentiment ne saurait fertiliser, qu'aucune affection ne saurait embellir; le vide, gouffre que ni la réussite des choses, ni l'amour des hommes ne peuvent combler; abîme creusé de la main de Dieu même, qui seul s'est réservé de le remplir. — Si jeune encore, ou doué d'une âme candide et rêvant le bonheur, vous rencontrez, parmi les ronces de la vie, un rameau vert, gage d'espoir, auquel vous attachez votre existence; oh! bientôt il se flétrira, se desséchera dans vos mains et se brisera, vous laissant tomber de toute la chûte d'une espérance déçue. A peine sur le seuil de l'existence, ayant vu hier poindre le jour de la vie, j'ai éprouvé peut-être quelques déceptions, quelques douleurs; mais une, dont je n'ai été que le témoin désintéressé, a laissé, dans ma mémoire comme dans mon cœur, un long et triste souvenir.

Vous tous qui avez éprouvé la douleur, dans le cœur desquels toute peine, tout chagrin a un retentissement, un écho, vous prendrez part à mon récit; vous, dont l'âme est en rapport avec ce que vous allez lire, qui avez peut-être éprouvé les mêmes souffrances, peut-être aussi allez-vous trouver une consolation dans la leçon d'un grand sacrifice; et vous, dont je vais tracer les trop réels malheurs, pardonnez à mon indiscrétion, en accueillant l'aveu de mon admiration pour votre héroïque dévoûment et votre résignation sublime.

I.

Au centre de l'antique Espagne, dans une de ces villes où les Maures et les Goths ont successivement laissé des traces de leur pouvoir et de leur magnificence, à Valladolid, florissait depuis longues années l'illustre famille de Pennaflor. Son origine se perdait de race en race : une galerie de portraits, rangés dans les différentes salles de leur château, en faisait foi. Ce château était la demeure presque habituelle des comtes de Pennaflor; car ils fréquentaient peu la cour, et ne quittaient guère leurs domaines que pour aller à la guerre soutenir l'honneur de leur nom et la gloire de leur patrie.

Le dix-neuvième siècle commençait; avec lui, pour l'Espagne, s'ouvrait cette série de malheurs, de bouleversemens et de révolutions, qui aujourd'hui encore ensanglantent son sol. Le dernier des Pennaflor, le comte Victor, attaché par droit et conviction au gouvernement et aux libertés de l'Espagne, combattait à la tête des fidèles. Ses vieux jours étaient attristés par deux peines bien cruelles pour un cœur espagnol : les infortunes de sa patrie et la chûte de sa maison. Car, de cette longue suite de générations, il était le dernier représentant, et la comtesse, sa femme, ne lui avait laissé en mourant qu'une fille, sa seule consolation désormais, dont la tendresse et l'amour cherchaient à le consoler du mal dont elle était la cause innocente. Si le sexe de cette enfant était le sujet des malheurs de son père, elle apportait, par ses soins et ses qualités, un bien doux dédommagement à ce mal involontaire. Dona Isabel employait tous les agrémens, tous les charmes dont la nature l'avait douée, à adoucir la tristesse de son père. Ses soins assidus, sa prévoyante tendresse calmaient les chagrins du vieillard, et plus d'une fois changeaient ses regrets et ses plaintes en actions de grâces vers le ciel.

Les malheurs de l'Espagne s'aggravaient; ses rois, descendus du trône, venaient de partir pour l'exil, frappés de la verge de fer du nouveau fléau de Dieu. Le comte de Pennaflor, fidèle à ses princes dans la mauvaise fortune comme dans la prospérité, quitta sa patrie et ses terres, emmenant Isabel, sa fille chérie, désormais son seul trésor. Durant ces jours malheureux, toujours si durs et si longs, loin du sol natal, loin des affections de toute la vie, sa fille était une consolation à ses peines, un adoucissement à son malheur.

Douée d'un grand caractère, d'une bonté angélique et d'une force d'âme peu commune, dona Isabel vit ces qualités se fortifier par l'adversité, et s'épurer au creuset de l'infortune. Obligée de lutter contre la nécessité, elle accepta la vie avec tous les chagrins, toutes les misères dont elle est traversée, et sut tourner au profit de la vertu toutes les épreuves qui devaient l'assaillir.

Les révolutions ont un terme : l'état de l'Europe changea, l'Espagne fut rendue à ses maîtres. Le comte de Pennaflor revint à Valladolid, et la destinée d'Isabel parut changer aussi. Un éclair de bonheur sembla sillonner la nue, un rayon de soleil éclairer le ciel jusque là si nébuleux de ses jours. La sécurité commença à renaître; des gages nouveaux de stabilité furent donnés aux empires, et les particuliers purent compter sur des jours de repos et de paix. Le comte de Pennaflor, privé d'un rejeton qui pût perpétuer la gloire de son nom et les souvenirs de sa race, voulut cependant, avant de mourir, se voir revivre dans une postérité qui conservât son sang.

Plusieurs partis se présentaient pour Isabel. Tout noble seigneur tenait à honneur de joindre l'éclat de son nom à celui des Pennaflor, et les charmes de l'héritière, ses qualités, ses vertus, rendaient l'attrait plus puissant encore. Le comte de Mendez y Soria, grand d'Espagne de première classe, pourvu de charges importantes et de dignités à la cour, fut l'objet du choix du comte Victor, et Isabel l'accepta avec respect et reconnaissance de la main de l'auteur de ses jours. Le roi approuva cette union, en signa le contrat, et le mariage fut célébré. — Depuis ce temps Isabel, devenue comtesse de Mendez, dut souvent accompagner son mari à la cour, et ce n'était pas sans chagrin qu'elle quittait Valladolid, son berceau, le lieu de ses affections, dont un exil forcé avait pu seul l'éloigner; qu'elle laissait seul son vieux père, dont rien, pas même l'exil et l'adversité, ne l'avait encore séparée. Mais un chagrin plus profond et plus vif brisait son cœur et empoisonnait sa vie ; cette peine usait les jours de son père et désolait toute sa famille ; elle n'était point mère, car, malgré sa fécondité, était-ce l'être, que de ne pouvoir conserver ce doux nom. Ses enfans moururent lorsqu'à peine ils reçurent le jour, laissant tout autour d'eux dans l'abîme de la douleur et les angoisses des regrets. Que de pleurs versa dona Mendez sur la fausseté de ces joies éphémères et les cruelles déceptions de ses espérances ! Quelle expiation avait-elle donc à subir par des sacrifices plus pénibles que celui de la vie ? Qu'avait-elle fait à la destinée, pour n'en connaître que les rigueurs ? Un nouveau chagrin vint s'unir à ceux dont elle était abreuvée : elle perdit son père, et avec lui le dernier lien qui la rattachait au bonheur des affections de la terre. Cette perte la jeta dans la plus profonde douleur, détruisit sa santé, déjà altérée, et fit naître des inquiétudes pour ses jours.

II.

Revenue à la vie, privée de son père, dont elle pût embellir les vieux jours, d'enfans qu'elle pût chérir, dona Mendez sentit le besoin de se créer une affection de choix qui remplaçât celles que lui refusait la nature. Une parente de son nom venait de donner le jour à une fille, et l'avait appelée à être, devant Dieu, la seconde mère de cette enfant. Dona Mendez s'affectionna à cette petite créature, dont la beauté la prévint, dont les caresses la touchèrent;

elle commença à l'aimer, et la demanda
à ses parens, résolue de l'adopter. Ceux-
ci l'accordèrent. Don Mendez y Soria,
heureux de voir la comtesse, sa femme,
rattacher sa vie à quelque chose, partagea
l'adoption. Dès lors, le bonheur sembla
sourire encore une fois à l'infortunée dona
Isabel. Tous ses jours, tous ses instans
furent consacrés à cette fille adoptive, et
l'affection qu'elle contracta pour elle fut
d'autant plus forte, qu'elle eut plus le
temps de se former et de s'accroître. Héléna, sa pupille, était digne de toute sa
tendresse. C'était un de ces trésors que
Dieu donne à la terre dans ses momens
de miséricorde et de bonté.

Son enfance fut douce et heureuse : en
grandissant, elle acquit ce degré de mérite et de perfection, auquel n'atteignent

que les êtres privilégiés. En effet, elle réalisait l'idéal que peut créer une imagination riche et grâcieuse. Essayer de la dépeindre, c'est déflorer cet éclat si pur et si suave, que l'intelligence peut comprendre, mais que la parole ne saurait exprimer. C'était un être plein de douceur et d'attraits, ravissant de grâces et d'harmonie, que le cœur aime et désire, dont la mémoire garde un religieux et éternel souvenir. Ses formes avaient cette modestie qui, jointe à la dignité, s'appelle noblesse; son visage, cette suavité de sentimens chrétiens qui purifient et élèvent la nature; ses yeux, bleus comme l'azur du ciel, réflétaient la candeur de son âme; d'entre ses paupières, bordées de longs cils, s'échappait un regard religieux et céleste; son front pur, mais triste, son sourire plein de mélancolie, son teint pâle et transparent, indiquaient qu'elle était soumise aux souffrances de l'humanité; sa peau, douce et fine, où le pur baiser d'une mère avait pu seul imprimer une trace passagère, rappelait la blancheur de la fleur des rois; sa bouche, expressive et fine, exhalait l'esprit et la bonté; la résignation et le renoncement avaient empreint de leur sceau ce visage arrosé tant de fois des larmes de la prière, et sur lequel ne se peignaient que des sentimens nobles ou pieux. Qu'il y avait de force et de charme dans cet ensemble plein d'aménité, dans ce regard modeste et fier, dans le calme de ce front, dans l'expression de bonté de ces lèvres mi-closes, dans toutes ces lignes vierges que l'habitude de la vertu, l'ignorance du mal, la pureté de la vie et de la pensée peuvent seuls donner et conserver ! — Ses traits, l'élan du plaisir ne les avait point fatigués; l'expression du dédain, qui flétrit le cœur, de la raillerie, qui froisse les sentimens, de la fierté, cette infirmité de l'esprit, ne les avait point altérés. Sa physionomie, calme et douce comme une fleur fraîche éclose, communiquait le charme de la conscience qui s'y réflétait. Elle réalisait le portait que nous nous formons de la mère de Dieu, lorsqu'elle habitait la terre.

Et ce ne sont là que de ces mérites souvent mensongers, qui ne paraissent qu'à l'extérieur; que ne puis-je dire tous les trésors de vertu et de piété candide, toutes les qualités aimables et solides que renfermait cette âme noble et pure? Elle tenait de l'ange et s'éloignait de la nature, pour se rapprocher des perfections de la divinité, dont elle était un pur rayon. Naïve et vraie, encore sur le seuil de la vie, à cet âge où le cœur n'a pas été flétri, où l'âme n'a pas été souillée, où fleurissent les illusions, où se cueillent les joies, elle s'abandonnait à son naturel angélique, sans se défier de ses impressions ni de ses sentimens.

Telle était Héléna à dix-sept ans. Aux dons de la nature elle unissait les charmes de l'éducation la plus soignée, et les avantages de l'instruction la plus solide. Douée d'une grande élévation d'esprit et d'une sagacité peu commune, elle possédait bientôt les diverses branches des sciences offertes à son étude. Elle se distrayait par la culture des arts, dans lesquels elle excellait presque toujours. Tous ces talens étaient rehaussés par une modestie franche et naïve qui rendait son mérite plus éclatante encore, par une aménité, une douceur qui semblaient demander grâce pour sa supériorité. On ne la voyait pas sans être charmé de son air grâcieux, prévenu de son accueil ; on ne pouvait l'entendre sans être flatté du son de sa voix, touché de la douceur de ses paroles. Est-il besoin de dire que sa mère adoptive était fière de l'enfant de choix à qui elle consacrait sa vie ? Elle partageait toutes ses impressions, tous ses sentimens, s'affligeait de ses peines, était heureuse de son bonheur. C'est de sa vie qu'elle vivait ; l'Univers pour elle était renfermé dans cette charmante créature, et rien ne l'intéressait, n'existait à ses yeux, que ce qui avait quelque rapport avec cet être adoré. Comme son regard était chargé de joie, de bonheur, de volupté, lorsqu'elle suivait des yeux les mouvemens gràcieux et naïfs de son enfant! Qu'elle expression indéfinissable prenait sa physionomie, lorsqu'elle la voyait revenir près d'elle après une absence de quelques instans! Les choses les plus indifférentes prenaient de l'attrait à ses yeux, pourvu que sa fille fût près d'elle. Comme elle était glorieuse des ses succès dans le monde; heureuse de l'amour et du respect que lui portaient tous ceux qui la voyaient! Le jour elle ne pensait qu'à elle, ne vivait, n'agissait que pour elle. La nuit, le sommeil n'interrompait pas sa pensée : elle songeait à sa fille chérie; souvent dans son affectueuse ardeur, elle interrompait son repos, et appuyée près de la couche d'Héléna, elle la couvait de son tendre regard, épiait son sommeil, recueillait chacun de ses soupirs; chaque élan de son sein faisait battre son cœur.

L'intérieur de cette jeune fille était si plein de charmes; elle était si grâcieuse, si affectueuse, si tendre, qu'on ne pouvait que s'estimer heureux de lui consacrer son existence. Aussi toutes les pensées de dona Mendez tendaient au bonheur de sa pupille. Dans sa tendresse, prévoyant qu'elle devait lui survivre, selon le cours ordinaire de la nature, elle lui réservait un époux selon son cœur, qui fût son appui, son ami lorsqu'elle viendrait à lui manquer. Le caractère, les qualités, la conduite, avaient déterminé son choix plus que la naissance et la fortune. Dona Mendez voulait le bonheur de sa fille; et elle savait que le bonheur est moins dans la pompe des grandeurs et le luxe des richesses, que dans les sentimens du cœur et le culte de la vertu. Mais au milieu de ces rians projets, un sujet d'inquiétude venait souvent empoisonner ses joies. La santé d'Héléna était si frêle, que la moindre atteinte y causait des ravages, et cette jeune fille, à la fleur de l'âge, loin de se fortifier, semblait une fleur privée de sève dont la tige épuisée laisse pencher vers la terre son calice flétri.

III.

Cet état empira de plus en plus. Héléna devenait plus rêveuse; ses yeux souvent élevés vers le ciel semblaient aspirer au bonheur qu'elle y entrevoyait; sa gaieté s'était changée en une silencieuse mélancolie; et aux demandes réitérées de sa mère, à laquelle elle ne cachait rien, elle avait enfin répondu : Je souffre. Mais craignant de l'affliger, elle avait cherché à surmonter sa faiblesse et à la cacher sous le voile d'une folâtre aménité. Mais son dépérissement ne put échapper à la sollicitude de sa mère ; il augmentait chaque jour, son teint devenait plus pâle, ses yeux perdaient de leur éclat, sa bouche n'avait plus d'expression que celle de la résignation et de la douleur. Pour calmer son inquiétude, doña Mendez recourut aux ressources de l'art. Les distractions furent inutilement offertes, divers traitemens essayés en vain. Rien ne put ramener la vigueur dans ces organes délicats et fatigués ; l'âme semblait se trouver à l'étroit dans ce corps qu'elle épuisait. Las d'essayer sans succès des moyens que leur offrait la science, les médecins espérèrent qu'un climat plus doux, un ciel plus bienfaisant, un soleil plus vif, pourraient réchauffer cette vie presque éteinte, ranimer cette sève épuisée. Dona Mendez quitta Valladolid, et conduisit sa pupille sous le beau ciel de l'Andalousie, à Grenade, à l'époque où la nature renaît, où la terre se couvre de fleurs. Mais la destinée ne connaît ni règles, ni droits; elle se joue des vains efforts qu'on fait pour la dompter, et tous les moyens qu'on tente ne sont souvent que des instrumens de sa tyrannique volonté, que des degrés à son imprescriptible accomplissement. Le bienfait du climat fut inutile à la santé d'Héléna, comme l'avaient été les ressources de l'art. Enfin le jour vint où le ciel devait réclamer cet ange égaré sur la terre. Héléna mourut, laissant sa famille dans les larmes, sa mère adoptive dans l'abîme de la douleur et les angoisse du désespoir.

Rien ne saurait retracer le chagrin de dona Mendez. Ses larmes ne durent plus tarir; ses regrets ne plus s'effacer; sa peine ne plus connaître d'adoucissement ; sa vie ne plus concevoir le bonheur ; son cœur ne plus connaître le repos et le calme : son existence ne devait plus être qu'une longue agonie, un long cri de douleur. Cette âme ornée de tant de vertus, éprouvée par des situations si diverses, devait encore s'épurer au creuset d'une nouvelle infortune, plus poignante que ce qu'elle avait déjà éprouvé ; son cœur devait être broyé sous la roue de l'aveugle et fatale destinée. Quelle tache pouvaient donc avoir à effacer les larmes qu'elle a répandues et qu'elle répand encore avec tant d'amertume ! Le souvenir qui la suit partout et toujours est si déchirant, si cruel ! Tout ce que les peines de l'amour ont de délirant, tout ce que celles de l'amitié ont d'incisif, tout ce que celles de l'amour maternel ont d'affectueux et de tendre, tout ce qu'il y a d'ardeur dans une passion, de délicatesse dans un sentiment, de religieux dans un regret, de sacré dans un souvenir, se trouve réuni dans la douleur dont elle s'abreuve ; car l'effection qui l'unissait à l'ange qu'elle pleure et que pleurent tous ceux qui l'ont connue, avait quelque chose de passionné. Ce qu'elle éprouvait était plus que de l'amour maternel : cette enfant était sa fille d'adoption, sa fille selon son cœur, et non d'après les lois de la nature. C'était volontairement qu'elle s'était consacrée à elle ; elle ne vivait qu'en elle et pour elle. La tombe qui s'est refermée sur la jeune fille a englouti deux êtres.

Dona Mendez s'était crue heureuse tant qu'elle posséda Héléna. Mais l'était-elle réellement ? L'homme, comme s'il n'avait pas assez de ses maux réels, se crée des tourmens imaginaires et se rend malheureux au milieu de toutes les conditions du bonheur. Dona Mendez n'échappait point à ce triste résultat de la faiblesse humaine. L'excès de sa tendresse était la source de mille inquiétudes sans cesse renaissantes, et d'autant plus vives, que l'objet qui les causait était plus cher. Hélas ! l'événement n'a que trop prouvé combien étaient fondées des craintes qu'on appelait chimériques. Mais combien Héléna était faite pour inspirer un attachement violent; elle était si belle et si bonne ! Oh ! celle-là était bien créée à l'image de Dieu. N'est-ce pas manquer au respect et à la vénération que j'ai voués à sa mémoire, que d'avoir essayé sans succès de décrire cet indéfinissable composé de tout ce qu'il y a jamais eu de bon et de beau sur cette misérable terre? Cette œuvre du Créateur était trop parfaite pour qu'il voulût nous laisser en jouir. Les déplorables accessoires de l'humanité étaient indignes de cette angélique créature. Elle eût été trop cruellement froissée par le contact des imperfections d'ici-bas ; c'était une plante exotique arrachée du ciel, son sol natal, pour la terre où elle ne pouvait que dépérir. Elle était trop parfaite pour vivre au milieu de notre corruption. L'ange a repris son vol pour sa patrie, et n'a paru parmi nous que pour nous donner l'idée de la perfection, et nous laisser des regrets éternels.

La dépouille mortelle de dona Héléna fut embaumée, déposée dans une châsse d'argent, et transportée à Valladolid, où elle fut inhumée avec la pompe due à son rang et à sa naissance, près des tombes de ses aïeux. C'est la dernière cendre des pennaflor, en attendant celle de sa mère adoptive.

Dona Isabel de Mendez y Soria a vu se combler la mesure de ses souffrances par la mort de sa fille chérie. Elle survit à sa douleur, qu'elle nourrit de ses souvenirs, qu'elle abreuve de ses larmes. Chaque jour elle implore l'ange qui fit son bonheur sur la terre, et qui l'attend au ciel.

Carlos NARIZ.
De l'Académie espagnole.

Le Pari de François 1er.

LE PARI

De François 1ᵉʳ.

—

Un beau jour du mois de juillet, la belle Marguerite, reine de Navarre, alors à la cour de son royal frère, avait préparé pour le matin suivant une fête champêtre, à laquelle François refusait de prendre part. Il était triste et mélancolique; une querelle d'amant avec sa dame favorite en était, disait-on, la seule cause. Le matin vint; une pluie abondante et un ciel orageux détruisirent les projets des courtisans. Marguerite, contrariée, s'ennuyait; son seul espoir d'amusement était dans son frère, et il s'était renfermé dans ses appartemens; raison de plus pour qu'elle désirât le voir. Elle entra dans son cabinet. Appuyé sur la fenêtre, contre laquelle la pluie venait frapper avec bruit, il écrivait avec un diamant sur l'un des vitraux. Au moment où Marguerite entra, il laissa tomber avec précipitation le rideau de soie devant la fenêtre et parut un peu confus.

« Quelle perfidie cachez-vous là, mon prince, qui rend vos joues écarlates? je veux voir cela » —

« C'est une perfidie, répliqua le roi; ainsi, mon aimable sœur, vous ne devez pas la voir. »—

Cette réponse excita davantage la curiosité de Marguerite, et il s'ensuivit un gai débat; François à la fin céda; il se jeta sur un sopha, et pendant que sa sœur soulevait le rideau avec un sourire plein de malice, l'expression de son visage devenait grave et sentimentale, au souvenir de la cause qui lui avait inspiré son libelle contre le beau sexe.

« Qu'avons-nous là, s'écria Marguerite! c'est un crime de lèse-majesté!

» Souvent femme varie,
» Est bien fou qui s'y fie!

« Un léger changement rendrait vos vers bien meilleurs; ne vaudraient-ils pas mieux ainsi :

» Souvent homme varie,
» Bien folle qui s'y fie!

« Je pourais vous dire vingt histoires de l'inconstance des hommes. »

« Je me contenterais d'un seul trait véritable de la fidélité des femmes, répondit sèchement François; mais ne me provoquez pas, je veux être en paix avec les belles inconstantes, à cause de vous. » —

« Je défie votre Majesté, répliqua vivement Marguerite, de citer une seule noble dame qui ait manqué à sa foi. » —

« Pas même Emilie de Lagny? demanda le roi. » —

C'était un pénible sujet pour la reine. Émilie avait fait partie de sa cour, comme la plus belle et la plus vertueuse de ses filles d'honneur. Elle avait long-temps aimé le sire de Lagny, et leur mariage avait été célébré par des fêtes qui présageaient peu leur suite. Un an après, de Lagny fut accusé d'avoir livré à l'Empereur, par trahison, une forteresse dont il était le commandant, et condamné à une prison perpétuelle. Pendant quelque temps Émilie parut inconsolable; visitant souvent son mari dans le cachot où il était confiné, le misérable état dans lequel elle le voyait l'accablait de douleur et abrégeait sa vie. Tout à coup, au milieu de ses chagrins, elle disparut, et l'on apprit seulement qu'elle s'était enfuie de France, emportant ses bijoux et accompagnée de son page, Robinet Leroux. L'on ajoutait même tout bas que, pendant leur voyage, la noble dame et le jeune garçon occupaient souvent la même chambre. Marguerite, irritée de cette nouvelle, défendit qu'aucune autre recherche fût faite de sa favorite.

Raillée maintenant par son frère, elle prit la défense d'Émilie, et, déclarant qu'elle ne la croyait pas coupable, elle alla jusqu'à se vanter de fournir, avant un mois, des preuves de son innocence.

« Robinet est un joli garçon, dit François en riant. » —

« Faisons un pari, s'écria Marguerite; si je perds, je supporterai tes vers offensans comme une devise à ma honte, jusqu'à ma tombe; si je gagne... » —

« Je briserai ce verre et t'accorderai tout ce que tu me demanderas. »

Le résultat de ce pari fut long-temps célébré par les troubadours et les ménestrels. La reine employa cent émissaires, fit publier qu'elle accorderait une récompense à celui qui lui apporterait la moindre nouvelle d'Émilie. Tout fut vain. Le mois allait expirer, et Marguerite aurait donné ses plus beaux diamans pour racheter sa parole. La veille du jour fatal, le geôlier de la prison dans laquelle le sire de Lagny était renfermé, demanda une audience à la reine; il était chargé d'un message du chevalier qui faisait assurer Marguerite que, si elle voulait promettre de demander sa grâce à son frère, et la permission de lui être présenté, son pari était gagné. La belle Marguerite, enchantée, s'empressa de faire la promesse désirée. François ne se souciait pas de voir son serviteur infidèle; mais il était en bonne humeur, ayant reçu le matin même, par un chevalier, la nouvelle d'une victoire sur les Impériaux. Le messager lui-même était représenté dans les dépêches comme le chevalier le plus brave de France. Le roi le combla de présens, regrettant qu'un vœu ne lui permît pas de lever la visière de son casque ou de dire son nom. —

Le même soir, comme les derniers rayons du soleil couchant éclairaient la fenêtre où étaient tracés les vers peu galans, François était assis sur le même siège, et la belle reine de Navarre, les yeux brillans d'une joie triomphante, était à ses côtés. Conduit par des gardes, le prisonnier fut amené; son corps était exténué par les privations, et sa démarche était chancelante. Il s'agenouilla devant François, et, découvrant sa tête, de belles boucles blondes s'échappèrent et couvrirent le front pâle et les joues creuses du suppliant. « Il y a quelque trahison ici, » s'écria le roi! Geôlier, où est votre pri- » sonnier? »

« Sire, ne le blâmez pas, dit la douce

et tremblante voix d'Emilie; des hommes plus prudens que lui ont été trompés par des femmes. Mon mari n'était pas coupable du crime pour lequel il a souffert si long-temps. Il n'y avait qu'un moyen de le sauver : j'ai pris ses fers. Il se sauva avec le pauvre Robinet Leroux, caché sous mes vêtemens; il joignit l'armée, et le jeune et brave chevalier qui a remis des dépêches à votre Majesté, et qu'elle a daigné combler de récompenses et d'honneurs, est mon Enguerrard de Lagny. Je n'attendais que son arrivée, avec les preuves de son innocence, pour me faire connaître à ma souveraine. » N'a-t-elle pas gagné son pari? La faveur qu'elle demande....

— C'est la grâce de Lagny, dit Marguerite, en se mettant aussi aux genoux du roi; pardonnez à votre fidèle vassal, Sire, et récompensez le dévoûment de sa dame.

François s'empressa d'abord de briser le verre menteur, puis il releva les dames avec la plus aimable grâce.

Un tournois fut donné pour célébrer ce triomphe des dames, et l'heureux époux d'Emilie s'y distingua de la manière la plus brillante.

Eugène G***.

FIN.

TABLE.

	Pages.
Le Premier Jour de l'An............	3
Le Sire de Tizé...................	15
Carrier à Rennes..................	85
Une Coquette.....................	95
Les Calvériennes de Carhaix........	161
La Nuit du Bal....................	187
L'Hospitalité bretonne..............	221
L'Homme libre....................	255
La Mère d'adoption................	277
Le Pari de François 1er............	309

CHEZ **BLIN**, LIBRAIRE A RENNES.

HISTOIRE GÉNÉRALE DE BRETAGNE, ornée d'une Carte géographique de l'Armorique, de plus de **500** sceaux de maisons nobles, des anciennes monnaies bretonnes, de plusieurs batailles, et des portraits, tombeaux et costumes des ducs et duchesses de Bretagne, par dom **MORICE**.

✺

HISTOIRE DE LA RÉVOLUTION FRANÇAISE dans les cinq départemens de la Bretagne, par M. **DUCHATELLIER**.

✺

LES DERNIERS BRETONS, par Emile **SOUVESTRE**.

✺

GÉOGRAPHIE ÉLÉMENTAIRE, par M. **DANIEL**, chef d'institution à Rennes.

www.ingramcontent.com/pod-product-compliance
Lightning Source LLC
Chambersburg PA
CBHW060634170426
43199CB00012B/1554